Técnicas Secretas de Manipulació:

Las 7 técnicas más poderosas para influir en la gente, persuasión, control mental, lectura de personas, PNL. Cómo analizar a las personas y el lenguaje corporal.

Índice de contenidos

Introducción

Alguna vez se ha preguntado cómo algunas personas pueden conseguir que otras hagan lo que ellas quieren, independientemente de que la otra persona quiera hacerlo o no. Existe una cualidad tácita casi hipnótica que hace que las personas realicen la acción deseada. Pueden ser sus palabras, su lenguaje corporal, su voz, sus estrategias furtivas o una combinación de todas ellas. El resultado final es que siempre tienen a la gente comiendo de sus manos y haciendo lo que quieren. Aunque todos hemos manipulado a la gente de una forma u otra en distintos grados a lo largo de nuestra vida, algunas personas dominan el arte de manipular, influir y persuadir a la gente para que realice la acción deseada.

Aunque las cosas parezcan de color de rosa y bonitas por fuera, incluso con una crianza ideal, una gran educación y una carrera estelar, todos hemos sido víctimas de tácticas desagradables utilizadas por personas para salirse con la suya aprovechándose de nuestros sentimientos, nuestra autoestima y nuestras emociones. Todos hemos formado parte de relaciones manipuladoras en las que los hilos de nuestros sentimientos y emociones eran controlados hábilmente por otra persona para satisfacer sus necesidades.

Aunque los seres humanos en general prosperan con el amor, la bondad y la gratitud, no se puede negar que es una especie egocéntrica. Sí, somos egoístas por naturaleza. Aunque no creas que ser egoísta o servicial es un rasgo negativo. ¿Por qué no habríamos de pensar en nosotros mismos? Sin embargo, algunas personas llevan este egocentrismo demasiado lejos. En su intento de satisfacer sus necesidades, pisotean los sentimientos y las emociones de los demás.

Cuando la gente empieza a recurrir a técnicas intencionadas, calculadas y astutas para salirse con la suya es lo que la convierte en malvada. La intensidad de esto puede variar de una persona a otra dependiendo de su crianza, entorno, personalidad, experiencias, educación y varios otros factores.

Todos somos culpables de utilizar la manipulación en algún momento, a menudo sin darnos cuenta. Del mismo modo, a menudo somos manipulados por personas cercanas a nosotros sin darnos cuenta de que estamos siendo víctimas de la manipulación. Y esto es precisamente lo que la hace tan siniestra e insidiosa. Nos hacen pensar, sentir y actuar de una manera determinada para satisfacer la necesidad de otra persona sin tener en cuenta nuestras emociones.

Por ejemplo, puede que le hagan sentir culpable por trabajar duro o por dedicar muchas horas al trabajo, aunque lo haga para construir un futuro para sus seres queridos. O le harán sentir que es una persona irresponsable por tomarse un descanso de las tareas domésticas y soltarse la melena con los amigos.

La cruda realidad de la manipulación es que se origina en personas que están lidiando con problemas relacionados con la seguridad, la autoconfianza y la comodidad. Intentan forzar su suerte en un intento de sujetar a otras personas por miedo a perderlas. Los manipuladores actúan desde un profundo sentimiento de inseguridad. Irónicamente, no se dan cuenta de que, en su intento de controlar a las personas por miedo a perderlas, acaban haciendo precisamente eso. Perder a la gente.

Otras veces, los manipuladores simplemente se aprovechan de la gente para servir a sus propósitos egoístas y degolladores. Son fríos, calculadores y despiadados en sus actos. No tienen en cuenta los sentimientos y las emociones de sus víctimas. Según ellos, el mundo es un "perro come perro", y para sobrevivir creen que tienen que utilizar a otras personas.

Los manipuladores operan con el punto de vista de que tienen que alcanzar su fin por cualquier medio que sea, y si eso acaba perjudicando a algunas personas en el camino, que así sea. Son personas a las que hay que vigilar activamente y evitar.

El propósito de este libro es que conozcas los trucos furtivos que la gente utiliza para manipular a los demás. Pretende descubrir cómo la gente utiliza la manipulación emocional, el control mental y la persuasión para satisfacer sus propias necesidades.

Cuando es capaz de identificar las técnicas manipuladoras inteligentes, le resulta más fácil protegerse de ellas. Aprenderá a leer las señales de advertencia de la manipulación y a utilizar técnicas prácticas para salvaguardar sus emociones y su confianza en sí mismo, logrando así una completa inmunidad contra las tácticas astutas de la gente.

La manipulación es muy diferente de la persuasión. Mientras que la persuasión otorga a la otra persona el derecho a elegir su respuesta a una situación concreta, la manipulación sí da a la víctima el derecho a elegir. La manipulación sólo tiene un camino: el que el manipulador quiere que tomes. Sólo hay una "elección correcta": la elección del manipulador. No hay ninguna consideración o preocupación por sus deseos, elecciones y emociones. Pagarás con el infierno si no eliges la opción que ellos quieren que elijas.

Las tácticas típicas de manipulación incluyen

-Complaining

-Víctima del juego

-Inducción de la culpa

-Comparando

-Ofrecer excusas y racionalizar

-Soberbia ignorancia

-Chantaje emocional

-Evasión

-Demostrar una falsa preocupación

-Subir a la gente

-Culpar a los demás y utilizar defensas del tipo "¿quién soy yo?

-Mentira

-Negando

-Falsos halagos

-Intimidación

-Dar la ilusión del desinterés

-Vergüenza

- Utilizar las técnicas de entrada en la puerta

y más

¿Se ha preguntado alguna vez cómo algunas personas pueden conseguir que otras hagan exactamente lo que quieren? ¿O cómo consiguen un gran número de seguidores que están más que dispuestos a estar de acuerdo con ellos o a seguir sus instrucciones? ¿Cuáles son las habilidades vitales secretas que estas personas utilizan en el mundo real para influir en la gente y conseguir que acepten cosas?

Dominar el fino arte de ganar e influir en la gente es una ventaja para la vida. Le permite sacar lo mejor de los demás, los anima a ver las cosas desde su perspectiva y, en última instancia, les ayuda a hacer exactamente lo que usted quiere.

Es importante entender que ninguna de las técnicas descritas en el libro entra dentro de las estrategias del arte oscuro de persuadir a la gente. Influir en la gente no consiste en destruir su autoestima para sentirse bien consigo mismo.

Al contrario, se trata de construirlos animándolos e inspirándolos. Existen múltiples estrategias psicológicas para influir en las personas sin que se sientan mal consigo mismas. Adoptamos un enfoque enormemente positivo y constructivo cuando se trata de ser un increíble influenciador y de influir en las personas en la dirección correcta.

¿Se pregunta por qué algunos influencers inspiran a un grupo de seguidores que se desviven por complacerles mientras que otros apenas consiguen que la gente reconozca sus instrucciones? Se trata de crear una conexión que impulse a la gente en la dirección correcta. Por mucho que los escritores de psicología pop no quieran que lo creas, influir en la gente es más que un montón de trucos psicológicos. Se trata de profundizar en las emociones de las personas, en su subconsciente y en sus motivaciones más imperiosas.

Según una leyenda que circula, Benjamín Franklin quiso una vez complacer a un hombre que no le gustaba mucho. Se adelantó y le pidió al hombre que le prestara (a Franklin) una rara publicación. Cuando Franklin la recibió, le dio las gracias amablemente. El resultado: los dos se hicieron grandes amigos.

En palabras de Franklin, "Aquel que ha hecho una vez una amabilidad estará más dispuesto a hacer otra que aquel a quien tú mismo has obligado". Actos aparentemente pequeños como (dar las gracias o ser amable) llegan muy lejos a la hora de forjar lazos en los que la gente le quiera de verdad y le escuche.

¿Ha oído hablar de la hipnosis conversacional? El término ha cobrado mucha fuerza recientemente y no es más que una serie de técnicas utilizadas para influir inconscientemente en el comportamiento de un individuo o grupo de tal manera que crean que su opinión ha cambiado con su propia voluntad.

Por supuesto, esta área de persuasión/influencia en las personas cae en la zona gris. Influir en las personas haciéndoles creer que es por su voluntad puede ser engañoso. Cada persona debe determinar si quiere utilizar estos trucos de forma ética o no. Sin embargo, hay un montón de técnicas probadas de sombrero blanco para empezar a hablar y comportarse de una manera que haga que la gente se siente y tome nota.

La comunicación eficaz es la base de sus encuentros personales y profesionales. Las palabras, las acciones y los gestos que utiliza para conectar con la gente les ayudan a entenderle y le facilitan influir en sus acciones a su favor.

Influir sutilmente en la gente consiste en ser un comunicador poderoso, un influenciador carismático y un individuo persuasivo. Hay montones de maneras de conseguir que la gente esté de acuerdo contigo sin ser argumentativo o negativo. Este libro le dice cómo hacerlo. Le ayuda a entender cómo reaccionan las personas ante diferentes estímulos, qué los lleva a hacer lo que hacen y cómo animarles/inspirarles de forma positiva. Empecemos ahora mismo.

Ahora que eres bastante competente en la identificación de tácticas de manipulación emocional y encubierta, vamos a entender qué lleva a las personas a manipular a los demás. Esto puede ayudarle a tratar con ellos de forma más eficiente.

Todos hemos sido víctimas de todo tipo de cosas, desde la mentira patológica, pasando por hacernos sentir inadecuados, hasta sufrir horribles campañas de desprestigio. Están más allá de las normas razonables de comportamiento humano. ¿Qué hace que las personas se conviertan en siniestros manipuladores? ¿Qué lleva a los manipuladores a utilizar las tácticas que utilizan? ¿Qué los lleva a desafiar las normas de comportamiento humano y a recurrir a técnicas turbias para salirse con la suya?

La manipulación es un arma de doble filo con connotaciones en gran medida negativas. Sin embargo, en determinadas circunstancias, también puede utilizarse para cumplir un propósito final positivo cuando ninguna otra táctica directa resulta eficaz. Este manual de manipulación no sólo le proporcionará un tesoro de consejos de manipulación y persuasión, sino también consejos para tratar con los manipuladores en la vida diaria y, especialmente, en las relaciones interpersonales. He adoptado una visión global de la manipulación como un martillo que puede usarse para destruir cosas o para golpear un clavo en la pared. Piense en ella como una herramienta poderosa: puede utilizarla para construir algo o para destruirlo. La forma de utilizar la manipulación está en sus manos. Mientras que, por un lado, se le ofrecen un montón de técnicas de manipulación para influir en la gente, por otro, hay consejos para salvaguardarle de la manipulación siniestra o negativa.

Siga leyendo para conocer más a fondo lo que hace que las personas manipulen a los demás de una forma que nunca imaginaría.

¿Por qué la gente manipula?

Los manipuladores viven constantemente bajo el miedo y la inseguridad. ¿Y si esto no sucede? ¿Y si mi pareja me deja por otra persona? ¿Y si alguien se impone sobre mí? Quieren ganar y controlar todo el tiempo para combatir una sensación inherente de miedo.

¿De dónde surge este miedo? Tiene su origen en un profundo sentimiento de indignidad. Esto se traduce simplemente en que ciertamente no soy digno de las cosas y personas buenas de la vida, por lo que estas cosas y personas me abandonarán. Para evitar que me abandonen, debo recurrir a algunas técnicas solapadas que me den el control absoluto sobre las personas y las cosas que creo que no merezco. En resumen, el mensaje subyacente es: ¡no me merezco o no soy digno de las personas y las cosas!

Miedo

¿Por qué una persona utiliza la manipulación para cumplir con su propia agenda? Simple, ¡miedo!

Es obvio que los manipuladores temen que nunca podrán obtener el resultado deseado con sus propias habilidades. Que si actúan con ética, la gente y la vida no les recompensarán positivamente. Operan desde el punto de vista de que la gente es la vida y la gente está posicionada en su contra. Los manipuladores temen a todo el mundo como su enemigo y creen que la vida no les será necesariamente favorable si actúan favorablemente.

Tienen miedo de que los recursos sean limitados y de que, si no ganan algo, lo hagan otros. Piensan que es un universo de "perro come perro" en el que hay que controlar a la gente para que les ayude a conseguir el resultado deseado. Este control puede ser de cualquier forma: emocional, psicológico, financiero o práctico. Quieren controlar a la gente para poder lograr su agenda deseada y dejar de lado su miedo.

Baja o nula conciencia

La falta de conciencia es otra razón fundamental para la manipulación. Cuando una persona no se da cuenta de que es responsable de su propia realidad, hay una mayor tendencia a operar sin conciencia. Los manipuladores no creen que exista un sistema justo. Además, han dejado de evolucionar. No aprenden de las experiencias anteriores ni tratan de lograr un estado de congruencia entre las emociones internas y la vida externa.

Consideran la manipulación como un mundo seguro para obtener el resultado deseado, a pesar de que estos resultados no les han aportado satisfacción en el pasado. Emocional y psicológicamente siguen volviendo al punto de partida de vez en cuando, sin aprender nunca la lección. Para evitar esta lección, crearán otra razón para manipular. Así, quedan atrapados en un círculo vicioso de indignidad o insatisfacción y luego crean otra necesidad de manipulación.

La manipulación no es rentable más allá del breve arreglo inicial, ya que la acción manipuladora no es auténtica, equilibrada ni eficaz. Es una reacción de defensa ante la percepción de dolor, indignidad, miedo o inseguridad. Al ser manipuladora, la persona intenta compensar estas emociones.

La manipulación es un acto deliberado que no está alineado con la conciencia de la persona ni con el bien mayor. La persona no opera con un entendimiento de "somos uno", lo que significa que busca ganar a través de la manipulación mediante la autenticidad en lugar de la no autenticidad. Todo lo que se gana a través de la no autenticidad sólo conduce a victorias estrechas, problemas continuos, vacío o miedo, e indignidad. Esto crea una sensación de indignidad aún mayor. De nuevo, la indignidad es el miedo a no ser digno del amor y la aceptación de los demás.

Las personas manipuladoras no aprenden, evolucionan ni se dan cuenta del poder de la autenticidad. La falta de comprensión del poder real de la autenticidad y la valía proviene de saber que uno es apreciado y aceptado por lo que realmente es. En esencia, un sentimiento de indignidad es a menudo el núcleo de la manipulación.

No quieren pagar el precio que conlleva alcanzar sus objetivos

Las personas suelen manipular para satisfacer sus necesidades porque no quieren pagar el precio que conlleva su objetivo. A menudo se esfuerzan por lograr el objetivo o servir a su propósito sin querer devolver o pagar el precio a cambio.

Por ejemplo, si no quiere que su pareja le deje, la relación requerirá trabajo. Tendrá que dar a su pareja amor, compasión, comprensión, tiempo, lealtad, ánimo, inspiración, un futuro seguro y mucho más.

Un manipulador puede no querer que su pareja le deje, pero no quiere pagar el precio de mantener una relación feliz, segura y sana, en la que la pareja nunca le deje. Puede que no quieran ser leales o pasar mucho tiempo con su pareja, y sin embargo esperan que se quede. Cuando las personas no están dispuestas a pagar el precio de conseguir lo que quieren, pueden recurrir a la manipulación o a técnicas turbias para conseguir esos objetivos sin pagar el precio que conllevan.

Del mismo modo, si una persona manipuladora quiere ser ascendida en su lugar de trabajo, en lugar de trabajar duro, quedarse más allá de las horas de trabajo, mejorar sus habilidades o conseguir un título, simplemente manipulará su camino hacia el puesto. La persona no está dispuesta a pagar el precio o a hacer lo necesario para ser promovida.

A veces, está muy arraigado en la psique de una persona que los deseos son malos o que no debería tener ningún deseo, ya que le hace parecer egoísta. La manipulación se convierte entonces en una forma de conseguir lo que desean o necesitan sin siquiera pedirlo.

Los manipuladores saben que todo tiene un precio. Una persona no les hará un favor sin esperar un favor a cambio. No seguirán recibiendo cosas si no demuestran amabilidad y gratitud. Una persona no los amará o tendrá sexo con ellos sin obtener compromiso, lealtad y amor a cambio. Los manipuladores tratan de tentar la suerte intentando conseguir algo sin pagar el precio que conlleva. A menudo es una salida fácil.

Piensan que no les van a pillar

Otra razón por la que las personas manipulan es que creen que pueden salirse con la suya con sus actos furtivos y que las víctimas no se darán cuenta de que están siendo manipuladas. También confían en que la víctima no puede hacer nada aunque se descubra su tapadera de manipulación.

¿Qué es lo que hace que los manipuladores sientan que no van a ser descubiertos? Algunas personas parecen intrínsecamente despistadas, vulnerables, inseguras e ingenuas. Este es el tipo de personas de las que se aprovechan los manipuladores. Creen que una persona que tiene poca confianza en sí misma, un bajo sentido de la autoestima o que no tiene ni idea de cómo funciona el mundo es menos probable que se dé cuenta de que está siendo manipulada.

Además, los manipuladores saben que en caso de que se descubra su tapadera de manipulación, la víctima no podrá hacer mucho. Eligen astutamente objetivos con poca confianza en sí mismos, autoaceptación, imagen corporal o sentido de la autoestima. Es más fácil jugar con las vulnerabilidades de estas personas que con las personas asertivas y seguras de sí mismas que no permiten que se aprovechen de ellas.

Por ejemplo, digamos que una persona tiene poca conciencia de la dinámica social, no entiende las bromas con facilidad, no identifica una broma a tiempo, no es capaz de diferenciar entre la cortesía genuina y las insinuaciones sexuales, no puede distinguir cuando alguien se siente realmente atraído por él o simplemente quiere irse a la cama con él y otras dinámicas sociales e interpersonales similares son más propensas a ser manipuladas.

Los manipuladores son muy conscientes de que sus víctimas no pueden hacer nada si ni siquiera se dan cuenta de que se está abusando de sus debilidades. A menudo se aprovechan de la falta de conocimiento de sus víctimas diciendo que se están imaginando cosas o inventando algo. Una persona ya despistada e insegura es menos probable que cuestione esta idea. Cuando uno ya se tambalea bajo los sentimientos de inseguridad, despiste y vulnerabilidad, ¿qué tan difícil es para el manipulador aprovecharse de estos sentimientos reforzándolos aún más? Manipuladores

Los manipuladores manipulan porque creen que pueden herir o molestar a sus víctimas más de lo que las víctimas pueden herir o molestar a ellos. Casi siempre se dirigen a personas que parecen agradables y vulnerables. Cuando las personas son ajenas a la deshonestidad que existe en las relaciones sociales, no están realmente acostumbradas a las lealtades deshonestas. Esto no les proporciona los medios para enfrentarse o contrarrestar la deshonestidad, lo que les hace menos conscientes de que están siendo manipulados.

No son capaces de aceptar sus defectos

Cuando las personas son incapaces de asumir sus defectos o no aceptan la responsabilidad o la rendición de cuentas por las faltas, existe una necesidad inherente de hacer que los demás se sientan menos que ellos.

Si los manipuladores no son lo suficientemente buenos o se sienten miserables sobre sí mismos, existe el deseo de hacer que otros se sientan igualmente indignos o miserables sobre sí mismos. Cuando una persona cree que es indigna de alguien, manipulará a la persona para que se sienta indigna también, de modo que pueda obtener el control sobre su percepción de que necesita al manipulador en su vida para sentirse digno. Al menospreciar a los demás o ganar control sobre ellos, experimentan una forma de pseudo superioridad. Si no pueden ser lo suficientemente buenos para los demás, hagamos que los demás sientan que no son lo suficientemente buenos también para mantener el control sobre ellos.

En efecto, los manipuladores no quieren que sus víctimas se den cuenta de que ellos (los manipuladores) no son lo suficientemente buenos o no son dignos de ellos (las víctimas). Por lo tanto, el manipulador cultivará cuidadosamente un sentimiento de impotencia e indignidad dentro de la víctima para mantenerla enganchada a él/ella. Si una persona se da cuenta de que es más atractiva, inteligente, rica, capaz, eficiente, autosuficiente, etc., mayores serán sus posibilidades de dejar al manipulador. Por otro lado, si el manipulador les inyecta la sensación de no estar "completos", necesitarán a alguien que los "complete".

Los manipuladores no son capaces de aceptar sus defectos ni de enfrentarse a las críticas. A menudo se enfrentan a problemas psicológicos profundos o a inseguridades. Al manipular a los demás, no tienen que enfrentarse a sus propias inseguridades para sentirse superiores a los demás. Para alguien que opera con una perspectiva tan estrecha, incluso una pequeña corrección, retroalimentación o crítica puede parecer una gran derrota.

Las personas que manipulan no saben cómo afrontar la derrota. Si duda en dar su opinión porque la persona se pone a la defensiva o saca las cosas de quicio o no se toma las cosas con el espíritu adecuado, puede ser una señal de que está tratando con alguien que no puede aceptar las críticas.

Observe que los manipuladores rara vez expresan sentimientos de gratitud o agradecimiento. Les resulta difícil ser agradecidos con los demás porque, en su opinión, al hacerlo están aumentando su sensación de estar obligados con otra persona, lo que no les da ventaja en ninguna relación.

Por ejemplo, si le hace a alguien un gran favor, se siente obligado a devolverlo, lo que le sitúa por encima de él en la dinámica de la relación hasta que le devuelva el favor. Los manipuladores no quieren darle ventaja sintiéndose obligados. Por lo tanto, demostrarán un mínimo de agradecimiento para que no crea que ha hecho algo enorme por ellos o que están obligados a usted. La idea es estar siempre por encima de usted y esta sensación de estar en deuda no les hace sentirse superiores.

Evitar la aceptación de sus defectos

Cuando las personas son incapaces de asumir sus defectos o no aceptan la responsabilidad o la rendición de cuentas por las faltas, existe una necesidad inherente de hacer que los demás se sientan menos que ellos.

Si los manipuladores no son lo suficientemente buenos o se sienten miserables sobre sí mismos, existe el deseo de hacer que otros se sientan igualmente indignos o miserables sobre sí mismos. Cuando una persona cree que es indigna de alguien, manipulará a la persona para que se sienta indigna también, de modo que pueda obtener el control sobre su percepción de que necesita al manipulador en su vida para sentirse digno. Al menospreciar a los demás o ganar control sobre ellos, experimentan una forma de pseudo superioridad. Si no pueden ser lo suficientemente buenos para los demás, hagamos que los demás sientan que no son lo suficientemente buenos también para mantener el control sobre ellos. En efecto, los manipuladores no quieren que sus víctimas se den cuenta de que ellos (los manipuladores) no son lo suficientemente buenos o no son dignos de ellos (las víctimas). Por lo tanto, el manipulador cultivará cuidadosamente un sentimiento de impotencia e indignidad dentro de la víctima para mantenerla enganchada a él/ella. Si una persona se da cuenta de que es más atractiva, inteligente, rica, capaz, eficiente, autosuficiente, etc., mayores serán sus posibilidades de dejar al manipulador. Por otro lado, si el manipulador les inyecta la sensación de no estar "completos", necesitarán a alguien que los "complete".

Los manipuladores no son capaces de aceptar sus defectos ni de enfrentarse a las críticas. A menudo se enfrentan a problemas psicológicos profundos o a inseguridades. Al manipular a los demás, no tienen que enfrentarse a sus propias inseguridades para sentirse superiores a los demás. Para alguien que opera con una perspectiva tan estrecha, incluso una pequeña corrección, retroalimentación o crítica puede parecer una gran derrota.

Las personas que manipulan no saben cómo afrontar la derrota. Si duda en dar su opinión porque la persona se pone a la defensiva o saca las cosas de contexto o no se toma las cosas con el espíritu adecuado, puede ser una señal de que está tratando con alguien que no puede aceptar las críticas.

Observe que los manipuladores rara vez expresan sentimientos de gratitud o agradecimiento. Les resulta difícil ser agradecidos con los demás porque, en su opinión, al hacerlo están aumentando su sensación de estar obligados con otra persona, lo que no les da ventaja en ninguna relación.

Por ejemplo, si le hace a alguien un gran favor, se siente obligado a devolverlo, lo que le sitúa por encima de él en la dinámica de la relación hasta que le devuelva el favor. Los manipuladores no quieren darle ventaja sintiéndose obligados. Por lo tanto, demostrarán un mínimo de agradecimiento para que no crea que ha hecho algo enorme por ellos o que están obligados a usted. La idea es estar siempre por encima de usted y esta sensación de estar en deuda con su persona no les hace sentirse superiores.

Capítulo uno: Manipulación emocional

Aunque todo el mundo es culpable de utilizar la manipulación (a sabiendas o sin saberlo) en algún momento, lo que diferencia a los manipuladores emocionales es que habitualmente pisotean las emociones y los sentimientos de las personas para servir a sus propias necesidades egoístas. Para algunas personas es una forma de vida utilizar los sentimientos de los demás en un intento de aumentar su control psicológico o su superioridad sobre la persona.

1. Jugar con los miedos de la gente. Los manipuladores emocionales tienden a exagerar los hechos y a resaltar sólo puntos específicos en un intento de infundirte miedo. Por ejemplo, un hombre que no quiere que su mujer siga una carrera a tiempo completo fuera de casa puede decirle algo como "las

investigaciones revelan que el 60% de los divorcios se producen cuando ambos cónyuges tienen una carrera a tiempo completo", ocultando disimuladamente que puede haber otras razones que no sean la carrera o el trabajo de la mujer. Esto está inteligentemente construido para aprovecharse del miedo de la mujer a perder la relación si cede a sus ambiciones.

2. Las acciones y las palabras no deben coincidir. Los manipuladores emocionales le dicen exactamente lo que creen que quiere oír, pero rara vez lo acompañan con acciones. Prometen compromiso y apoyo. Sin embargo, cuando llegue el momento de cumplir su compromiso, le harán sentir culpable por plantear exigencias poco razonables.

En un momento dado, le dirán lo afortunados que son por conocer a una persona como tú, y al siguiente le criticarán por ser una carga. Esta es una táctica inteligente para socavar la creencia de una persona sobre su cordura. Los manipuladores emocionales seguirán diciendo cosas que se ajusten a su propósito y, de repente, moldearán una percepción contraria haciendo lo contrario de lo que dijeron para desequilibrar la cordura.

Esto también tiene un precio, que reclamarán furtivamente en el futuro. Como manipulador emocional, recuerde constantemente a las personas cómo les ha ayudado y lo utiliza como palanca para que se sientan obligadas consigo. Si les recuerda constantemente un favor que les hizo voluntariamente, hará que la otra persona sienta que le debe algo, hay muchas probabilidades de que esté siendo manipulado emocionalmente.

3. Convertirse en maestros de la distribución de la culpa. Pocas personas aprovechan el poder de la culpa como los manipuladores practicados. Los manipuladores emocionales inducen el sentimiento de culpa en otras personas

para satisfacer sus necesidades. Si alguien saca a relucir un tema que le ha molestado durante la discusión, los manipuladores le hacen sentir culpable por sentirse como se siente, por muy justificados que parezcan estos sentimientos. Los manipuladores emocionales hacen que la gente se sienta culpable por mencionar el tema. Cuando alguien no menciona el tema, le hacen sentir miserable por no ser abierto y hablar de ello.

Sigue haciendo sentir la culpa en usted, independientemente de la dirección de los pensamientos y acciones de la otra persona. De una forma u otra, encuentra razones para hacerle sentir culpable. Cualquier cosa que decidan hacer está mal. Independientemente de los problemas que la otra persona pueda tener colectivamente, un manipulador emocional siempre le hará sentir que es sólo culpa suya. Los manipuladores culpan a la gente de todo lo desafortunado que ocurre en su vida y construyen un fuerte sentimiento de culpa en su interior. Si quiere conseguir que la gente haga lo que usted quiere, induzca un sentimiento de culpa y arrepentimiento. La culpa es una de las fuerzas de manipulación más fuertes que impulsan a las personas a profundizar y ceder a lo que usted desea que hagan.

Los manipuladores emocionales se aprovechan de sus víctimas haciéndose pasar por ellas. Hacen creer a sus víctimas que la culpa es siempre suya, independientemente de si son realmente responsables o no. La culpa siempre se asigna a la víctima y el manipulador se hace pasar por ella. Esto se hace con el fin de desplazar la responsabilidad de las deficiencias del manipulador para culpar a la víctima, lo que se hace con la intención de inducirla a la culpa. Cuando la víctima se siente culpable de la situación desagradable, es más sencillo para el manipulador conseguir que tome la acción deseada.

Los manipuladores se concentran en cómo la otra persona les hizo hacer algo o cómo es la culpa de la otra persona por la que ellos (los manipuladores) están sufriendo. Siempre es la otra persona la que hace que el manipulador esté enfadado, herido y molesto. Como manipulador, rara vez acepta la responsabilidad de sus propias acciones.

Veamos un ejemplo para ilustrar mejor esta estrategia de manipulación emocional. Su pareja está enfadada con usted por haber olvidado su aniversario. Lo razonable sería disculparse por la metedura de pata y compensarle más tarde con una sorpresa o un buen regalo. Sin embargo, los manipuladores recurren al juego de la culpa. La culpa se invierte en dirección a la otra persona. Se hace que la otra persona se sienta culpable por haberle hecho sentir tan mal por haber olvidado un aniversario. Se tiende a introducir un sentimiento de culpa para que la otra persona haga lo que tú quieres.

Así que para justificar el olvido de su aniversario ante su pareja e inducir un sentimiento de culpa, puede hablar de lo estresado, cansado, ocupado y agotado que ha estado, y de lo desconsiderado que es por su parte culparte de olvidar un aniversario cuando últimamente ha estado trabajando muy duro en un proyecto. En efecto, hemos hecho que la otra persona se sienta culpable por una expectativa razonable. Se le da la vuelta a la tortilla para que no asuma la culpa de haber olvidado el aniversario.

Sin embargo, los manipuladores empedernidos no se detendrán ahí, sino que irán un paso más allá y repasarán todos los casos en los que la otra persona ha olvidado ocasiones importantes en un intento de justificar sus propios olvidos. Hace sentir a la otra persona que es realmente su culpa por esperar que recuerde todas las fechas cuando está estresada con el trabajo. Actúa como una especie de justificación de sus olvidos. Los maestros de la manipulación saben cómo tejer un sentimiento de culpa en la conciencia de la otra persona para llevarla a realizar la acción prevista. Utilizan generosamente la culpa y el sentimiento de culpabilidad para satisfacer sus necesidades.

Por ejemplo, supongamos que una persona saca a relucir algo que le ronda por la cabeza desde hace tiempo. Lo más probable es que los manipuladores les hagan sentir que están haciendo una montaña de un grano de arena, y que no es gran cosa. Hacen que la otra persona se sienta culpable por hacer un problema de un asunto aparentemente sin importancia. En lugar de aceptar sus problemas y comprometerse a trabajar en ellos, se da la vuelta a la tortilla para que la otra persona se sienta culpable por mencionar el problema o sus verdaderos sentimientos. Esta técnica de manipulación se utiliza sobre todo en las relaciones personales, cuando una persona se abre a la otra, y ésta le devuelve la palabra y le culpa por sacar a relucir algo tan trivial.

Hace que la otra persona se sienta culpable de todo lo que hace. Si permanece en silencio, le acusa de no compartir sus sentimientos o de no confiar en usted para resolver sus problemas. Si resulta que comparte sus sentimientos, le culpa de crear problemas donde no los hay. Hay una constante agitación de la culpa para hacer sentir a la otra persona que siempre tiene la culpa para cumplir con su propia agenda.

Todas las acciones de la otra persona se le atribuyen o se presentan/posicionan como su culpa hasta que se ajustan a su agenda. Al mismo tiempo, Se pone en el papel de la desafortunada víctima. Inducir un sentimiento de culpa es, de hecho, una de las estrategias de manipulación más poderosas para conseguir que alguien le obedezca. Esto es aún más efectivo en personas que sufren de baja autoestima o niveles reducidos de confianza en sí mismos.

Por ejemplo, si quiere que alguien realice la acción deseada, enumere con confianza una lista de favores que le haya hecho o todos los casos en los que se ha desvivido por ayudarle. A continuación, explique cómo se ha sentido defraudado cada vez que esperaba algo de ellos. Se convierte en una víctima proyectada que hizo todas las cosas maravillosas para ayudarles en su momento de necesidad, y ellos se convierten en los seres ingratos que no hacen frente a sus necesidades cuando se les exige. Esto está jugando sutilmente en la mente de las víctimas para hacerles pensar que no están devolviendo el favor o siendo ingratos.

Los manipuladores suelen conseguir que la otra persona haga lo que ellos quieren diciendo algo como: "Está bien Roger, no puedo esperar nada más de ti. Es realmente mi culpa que siga esperando mucho de ti y de nuestra relación". Esto induce un sentimiento de culpa en la otra persona, como si estuviera decepcionando al manipulador, lo que puede ser o no el caso. Le está diciendo que siempre le está decepcionando y que no puede esperar nada más de él.

¿Ha observado alguna vez cómo jugamos a la manipulación e introducimos un sentimiento de culpa en nuestras relaciones personales muchas veces? Fíjese en cómo las personas mayores hacen que sus hijos experimenten un sentimiento de culpa al mencionar que éstos nunca tienen suficiente tiempo para ellos.

Cuando los adolescentes piden permiso a sus padres para hacer salidas nocturnas y llegar tarde a las fiestas y se les niega, se quejarán de que los padres no les dejan vivir su vida o de que son demasiado asfixiantes, sobreprotectores y dominantes. Hablarán de que, tarde o temprano, tendrán que negociar con el mundo que les rodea sin que sus padres estén cerca para protegerles todo el tiempo.

Todos conocemos a esa persona que siempre está culpando a otras personas o a las circunstancias de sus defectos. Utilizarán estratégicamente su sensación de impotencia para conseguir que la otra persona realice la acción deseada. Los manipuladores dan a los demás la impresión de que ellos (la otra persona) han decidido su destino (el del manipulador) a través de sus acciones y elecciones, a menudo de forma negativa. Entonces harán sentir a la víctima que ahora es responsable de los males del manipulador y que debe reparar el daño.

Las víctimas comienzan a aceptar esta noción de que son responsables de una situación negativa creada para el manipulador y a menudo responden afirmativamente a la petición del manipulador de compensar lo aparentemente negativo que se les ha hecho creer que han hecho. El manipulador se posiciona como alguien que necesita ayuda y está condenado si no recibe la ayuda oportuna. La otra persona se siente fatal y acaba haciendo lo que quiere porque, en cierta medida, se siente responsable de su impotencia o de su desafortunada situación.

4. Hágase la víctima. En lo que respecta a la manipulación emocional, nada de lo que ocurre es nunca un error tuyo. Independientemente de sus acciones, siempre culpe a otro de sus fallos.

Insista en que le obligaron a hacer algo. Si se enfadan o se sienten heridos, usted eres el responsable de crear expectativas poco razonables. Si se enfadan o molestan, usted es el responsable de herirlos. No hay ninguna responsabilidad por ninguna acción.

Por ejemplo, si una persona se olvida del cumpleaños de su pareja, y ésta se enfada por ello, generalmente se disculpará y prometerá arreglarlo en el futuro. Sin embargo, una persona emocionalmente manipuladora no se limitará a negar que es su culpa; también hará que su pareja se sienta desgraciada por culparla.

Se desprenderán de lo estresados que han estado hasta tarde debido a algo que la pareja ha hecho y que es imposible que recuerden. El manipulador irá un paso más allá y le recordará casos en los que ha olvidado algo importante para justificar su culpa.

5. Los manipuladores emocionales esperan demasiado, demasiado pronto. Desde una relación interpersonal hasta una asociación empresarial, los manipuladores emocionales siempre toman la autopista, mientras pasan por alto algunos pasos en el camino. Pueden compartir demasiado al principio de una relación y esperar que la otra persona haga lo mismo.

Su vulnerabilidad, transparencia y sensibilidad son una astuta treta. Se trata de una farsa "especial" para hacerle sentir parte de su círculo íntimo. Lenta e insidiosamente, no sólo se sentirá apenado por sus sentimientos, sino también responsable de ello.

6. Los manipuladores emocionales menosprecian su fe en la comprensión de la realidad. Estas personas, hay que reconocerlo, son unos mentirosos y tramposos excepcionalmente hábiles. Insistirán con seguridad en que algo ha ocurrido cuando no lo ha hecho y negarán que haya ocurrido cuando sí lo ha hecho. Lo hacen de una manera tan tortuosa y solapada que empiezas a cuestionar su propia cordura.

Por ejemplo, si sospecha de su pareja y le enfrenta a ello, la pareja emocionalmente manipuladora lo negará rotundamente (aunque sea la verdad), y a su vez le hará sentir como una persona loca y desconfiada que no tiene control sobre la realidad.

Aunque su sospecha no es infundada, le hará sentir culpable por espiar y no confiar en su pareja. Llegará un punto en el que empezará a cuestionar su propia naturaleza sospechosa y su cordura. ¡Estoy seguro de que muchos de ustedes están asintiendo con la cabeza a esto!

Sé que a estas alturas ya ha identificado a esas personas y relaciones y lo más probable es que ni siquiera fueras consciente de esas tácticas sarcásticas e insidiosas cuando nos manipulaban.

7. Todo el mundo debe sentirse como ellos. Vaya, esta es otra técnica de manipulación emocional solapada que se utiliza para absorber a otras personas en su estado emocional. El manipulador emocional quiere que todos se sientan como ellos. Si están de mal humor, todo el mundo a su alrededor debe ser consciente de ello.

Sin embargo, la cosa no acaba ahí. No sólo todos deben saber cómo se sienten, sino que también deben ser absorbidos por el estado emocional del manipulador. Cualquier cosa que otras personas estén sintiendo o experimentando debe ser bajada y deben coincidir instantáneamente con la frecuencia emocional del manipulador. Esto hace que las personas a su alrededor sientan que son responsables de los sentimientos del manipulador emocional, y que sólo ellos deben arreglarlo.

8. El afán de ayudar se convierte en una carga más tarde. Los manipuladores emocionales se ofrecerán a ayudar inicialmente (y con bastante entusiasmo) sólo para quedar como mártires después. Actuarán como si lo que inicialmente aceptaron hacer fuera una enorme carga.

Si les recuerda que se comprometieron con la tarea, se darán la vuelta y le harán sentir como un paranoico a pesar de que parezcan deseosos de ayudar. ¿El objetivo? Inducir un sentimiento de culpa, sentirse obligado hacia ellos y probablemente incluso cuestionar su cordura.

9. Juegos de superioridad. Independientemente de la intensidad de

sus problemas y desafíos, siempre harán ver que sus problemas son mucho peores. Intentarán socavar la autenticidad de sus problemas reforzando constantemente lo grandes que son sus problemas o desafíos.

Le harán sentir culpable por quejarse de cosas "triviales" cuando ellos se enfrentan a problemas serios. ¿El objetivo? Que no tenga ningún motivo para quejarse de lo 'no serio', mientras que ellos tienen todo el derecho a seguir recordándole sus problemas 'serios'. En otras palabras, quieren que se calle y deje de quejarse de sus problemas, y que siempre esté por encima de ellos en cualquier situación.

10. Conocen sus botones emocionales y saben cómo pulsarlos a voluntad. Todos tenemos nuestros puntos débiles emocionales. Los manipuladores emocionales conocen hábilmente sus puntos débiles y no dudan en utilizarlos para servir a sus propios objetivos

siniestros. Utilizarán el conocimiento de sus puntos débiles en su contra.

Por ejemplo, si está inseguro de su aspecto, le harán comentarios sarcásticos sobre todo, desde su ropa hasta su peso. Si está preocupado por un discurso, se aprovecharán de sus miedos diciéndole lo duro, exigente y crítico que es el público. Utilizan el conocimiento de sus emociones no para hacerle sentir mejor, sino para manipularle para que se sienta peor.

11. Los manipuladores emocionales utilizan el humor para atacar sus debilidades percibidas y quitarle poder o hacerle sentir inadecuado. Fíjese en cómo algunas personas hacen continuamente comentarios críticos o sarcásticos sobre su pareja o amigo, a menudo con el disfraz de humor. La idea es hacer que la otra persona se sienta inadecuada, inferior o insegura.

Los manipuladores emocionales intentan quitarle poder a la persona jugando con sus debilidades percibidas. Los comentarios abarcan todo, desde el aspecto de la persona hasta su viejo teléfono o sus habilidades. Hacen comentarios sarcásticos y aparentemente divertidos sobre todo, incluido el hecho de que haya llegado 30 segundos tarde.

La idea es hacerle quedar mal y sentirse peor contigo mismo. De este modo, el manipulador trata de ganar dominio psicológico sobre usted, desgraciadamente sin que se dé cuenta (ahora sí, ¿verdad?). El hecho de socavarle hace que se perciba como inferior, lo que automáticamente les da la tan necesaria superioridad psicológica.

12. Los manipuladores emocionales le juzgan y critican constantemente para hacerle sentir inferior. En el ejemplo anterior, vimos cómo los manipuladores utilizan técnicas encubiertas para restarle poder disfrazando sus comentarios sarcásticos de humor. Sin embargo, en este caso, el manipulador emocional le

desprecia, margina, critica y ridiculiza abiertamente en un intento de conseguir una superioridad psicológica sobre usted.

Su premisa es que si le hacen sentir inadecuado y desequilibrado, sus posibilidades de conseguir que haga lo que ellos quieren aumentan. Dejará de creer en sus capacidades, su cordura y su valía, lo que les ayudará a ejercer un mayor control sobre sus pensamientos, emociones y acciones.

El agresor emocional fomentará intencionadamente la sensación de que algo no va bien en usted y que, por mucho que se esfuerce, no será lo suficientemente bueno. De manera significativa, el manipulador emocional enfatizará los puntos débiles sin ofrecer soluciones constructivas o positivas ni ayudarle de manera significativa a superar los aspectos negativos.

13. Los manipuladores emocionales le darán el tratamiento de silencio. Otro arte que los manipuladores emocionales han

dominado es el de dar a las personas el
tratamiento de silencio para presionarlas
a hacer lo que el manipulador quiere. le
harán esperar intencionadamente y
sembrarán semillas de duda, inseguridad
e incertidumbre en su mente. Los
manipuladores emocionales utilizan el
silencio como palanca para conseguir que
haga lo que ellos quieren, manteniéndole
emocionalmente privado o inseguro.

Estar en el extremo receptor del
tratamiento silencioso es una señal de
advertencia de que está tratando con un
manipulador emocional. Es un tipo de
abuso emocional mediante el cual se
demuestra el desprecio a través de actos
no verbales como permanecer en silencio
o retirar toda comunicación.

El tratamiento silencioso se utiliza como
herramienta para incitar a sus víctimas a
hacer algo específico o hacerlas sentir
inadecuadas por la negativa a reconocer
su presencia. Si sus acciones no coinciden
con lo que el manipulador quiere que

haga, utilizará el tratamiento silencioso para comunicar su decepción y castigar a sus víctimas.

14. Jugar a fingir. Sí, ellos también pueden hacerse los bobos siempre que sea necesario. Fingirán que no entienden lo que quiere exactamente o lo que desea de ellos. Este es uno de los trucos pasivo-agresivos, donde la responsabilidad debería ser de ellos, se convierte en la suya. Así, la carga de lo que es esencialmente su responsabilidad se echa sobre sus hombros. Esto lo suelen utilizar las personas que intentan ocultar algo o evitar una obligación.

15. Levantar la voz y demostrar emociones negativas. Algunos manipuladores emocionales saben utilizar el poder de su voz y su lenguaje corporal para coaccionarle a cumplir sus exigencias.

A menudo levantan la voz como un tipo de manipulación agresiva con la creencia de que si suenan lo suficientemente intimidantes con su voz, tono y lenguaje corporal, invariablemente se someterá a sus demandas. La voz agresiva se combina a menudo con un lenguaje corporal intimidatorio, como gestos exagerados y la postura de pie, para aumentar el efecto de sus acciones manipuladoras agresivas.

16. Sorpresas negativas como norma. ¡Whoa! ¿No saben estas personas cómo desequilibrarte con sus sorpresas negativas en un intento evidente de obtener una ventaja psicológica sobre ti? De repente aparecerán con alguna información sobre que no pueden hacer algo o cumplir un compromiso como prometieron.

Por lo general, la información negativa se lanza sobre usted sin ninguna advertencia previa para cogerle desprevenido. No le queda tiempo para idear una contra-movida. Los manipuladores emocionales son lobos con piel de cordero y no escatimarán una sola oportunidad para causarte malestar, daño o perjuicio si se interpone.

Capítulo 2: Técnicas de manipulación encubierta

Reconocer las tácticas de manipulación encubierta es complicado porque, a diferencia de la manipulación abierta, éstas no son obvias ni están a la vista. Suelen ser técnicas solapadas para tratar de obtener el control de los pensamientos, sentimientos y decisiones de la víctima. Su objetivo es derribar el sentido de autoestima de la persona y destruir su creencia en sus percepciones. Cuando aprende el juego del manipulador, puede jugarlo mejor que ellos.

La manipulación socava la capacidad de la víctima para tomar decisiones conscientes y actuar de acuerdo con sus intereses. En su lugar, se convierten en meras marionetas en manos de otra persona. Los manipuladores no valoran los valores, deseos y límites personales de las personas. En pocas palabras, le obligarán a hacer algo que normalmente no haría.

Entonces, ¿cuáles son las tácticas de manipulación encubierta más utilizadas y cómo las detecta en su vida cotidiana? Siga leyendo para descifrar los juegos de manipulación encubierta de la gente. Aunque puede utilizarlas como estrategias de manipulación para conseguir que la gente haga lo que usted quiere, asegúrese de no utilizarlas en exceso o de intentar darles un giro lo más positivo posible.

1. Crear una falsa sensación de intimidad. ¿Se ha dado cuenta de que la gente comparte constantemente información íntima sobre sí misma en las primeras etapas de una relación? Hablarán de su familia, de sus antecedentes y de sus vidas (a menudo se presentan como víctimas como circunstancias) en un intento de ganarse su simpatía, al tiempo que crean una ilusión de intimidad.

2. Introducir a otras personas en el cuadro en un intento de hacerle sentir inseguro. De nuevo, algunas personas

siempre intentan crear una sensación de inseguridad o incomodidad en sus víctimas introduciendo a otras personas en el panorama. Por ejemplo, su pareja puede hablar de encontrarse con una exnovia/novio o un buen amigo para hacerle sentir inseguro.

Por supuesto, no todos los que se reúnen con amigos o exparejas están siendo manipuladores. Sin embargo, los manipuladores encubiertos utilizan constantemente esta táctica de introducir a otras personas en el panorama para desestabilizar a su pareja. Cuando una persona intenta poner a otras personas en su contra para hacerle sentir inadecuado, puede estar seguro de que se trata de una táctica de manipulación encubierta.

3. Otra técnica de manipulación encubierta es el "pie en la puerta", que es bastante fácil de reconocer. Consiste en hacer una pequeña petición a la que la víctima accede, a la que sigue la petición realmente prevista. Es más difícil de

rechazar una vez que la víctima dice estar de acuerdo con la petición inicial.

La técnica del pie en la puerta, como su nombre indica, tiene como objetivo meter el pie en la puerta hasta que uno se encuentre cómodamente posicionado o colocado para pedir lo que quiere que haga la otra persona. Se remonta a la época en que los vendedores puerta a puerta colocaban el pie en la puerta para evitar que los posibles compradores se dieran un portazo en la cara. Colocar el pie en la puerta les ofrecía más tiempo para mantener la conversación y, en última instancia, realizar una venta. Esta ingeniosa estrategia de manipulación se utiliza eficazmente en todos los ámbitos, incluso hoy en día.

¿Cómo puede utilizarse eficazmente la estrategia de manipulación del pie en la puerta en el escenario actual?

Es igual de sencillo y eficaz, sólo que ahora está avanzando en la mente de una persona en lugar de en su puerta.

Empiece por establecer una relación con la persona. Intente romper el hielo haciendo una pequeña petición. Recuerde que la clave es hacer una pequeña petición que la otra persona pueda cumplir fácilmente. En realidad, lo que está haciendo es meter el pie en la puerta para desarrollar una relación con la persona y conseguir que conceda una petición mayor o real más adelante. Si pide directamente lo que realmente quiere que hagan por usted, es posible que se nieguen. Empiece con una petición que no sea demasiado difícil de cumplir para la otra persona. Vaya al grano poco a poco y con constancia. Pase a la petición real de forma lenta y sutil.

Se trata de conseguir que la persona diga una serie de "sí" en una secuencia antes de pasar al asesinato real. Esto reducirá psicológicamente las posibilidades de que la persona rompa el patrón y diga que no para la petición final o real. Precisamente por eso, los psicólogos y expertos en comportamiento instan a los vendedores a formular a sus clientes potenciales varias preguntas que den como resultado un "sí". Según las investigaciones en el campo de la psicología y las ciencias del comportamiento, si un cliente potencial responde afirmativamente a seis preguntas en una secuencia, hay más posibilidades de que compre su producto/servicio o realice la acción deseada.

Utilice esta información en su favor formulando seis preguntas en serie a las que es más probable que respondan afirmativamente. La estrategia funciona a nivel subconsciente y merece la pena probarla.

Lanzamos una secuencia de respuestas positivas que hacen casi imposible que la mente subconsciente de la otra persona rechace nuestra petición final. Una vez que la persona inicia un bucle de respuesta a sus peticiones de forma positiva, subconscientemente se hace difícil romper el patrón, y ofrecer de repente una respuesta negativa.

Esto es exactamente lo que hacían los vendedores de antes. Ponían el pie en la puerta y se ofrecían a sí mismos 3-4 minutos extra con los clientes potenciales para construir el impulso de la venta, desarrollar la relación y hacer una venta. Ahora pensemos en la misma estrategia en el entorno actual. ¿Cómo se da a si mismo esa pequeña apertura que eventualmente puede aprovechar haciendo que la gente haga lo que usted desea?

Tomemos un ejemplo para entender cómo se puede aplicar esta manipulación o persuasión en el escenario actual. Jane está terminando el proyecto que le exige construir una maqueta de los nueve planetas. Le pide a su madre que le ayude creando un modelo aproximado para el proyecto de los nueve planetas. Por supuesto, su madre hace el boceto, reúne todos los materiales necesarios para construir la maqueta y lo tiene todo listo para que Jane haga su proyecto. A continuación, Jane le pide a su madre que junte todas las piezas. Ella hace lo que le pide. Finalmente, la madre de Jane termina de hacer todo el encargo sin ninguna aportación o esfuerzo por parte de Jane. Jane utilizó la estrategia del pie en la puerta para manipular a su madre para que completara su proyecto por ella en lugar de pedírselo directamente al principio. Si Jane le hubiera pedido directamente a su madre que completara el proyecto, ésta se habría negado en redondo. Sin embargo, consiguió que su madre dijera una serie de "sí" con pequeñas peticiones que finalmente terminaron con su madre completando todo el proyecto.

Esta técnica de manipulación y persuasión fue estudiada por primera vez por Fraser y Freeman durante el siglo XX. El objetivo es conseguir que la gente responda o acepte una pequeña y sencilla petición que conduzca a un "sí" mayor. El

dúo de psicólogos se dio cuenta de que
una vez que la gente accede a una petición
aparentemente pequeña, aumentan las
posibilidades de que respondan
afirmativamente a peticiones mayores. En
este ejemplo, Jane consiguió que su
madre terminara toda la tarea juntando
varias partes de la misma y consiguiendo
que aceptara cada una de estas pequeñas
tareas o peticiones. Una vez acordada la
pequeña petición inicial de crear un
boceto para el modelo, Jane pudo
conseguir que su madre cumpliera su
petición más grande. Este no habría sido
el caso si hubiera pedido a su madre que
completara todo el proyecto desde el
principio.

Al utilizar la estrategia del pie en la
puerta, asegúrese de que la petición es lo
suficientemente pequeña como para que
la gente no responda de forma negativa.
Al mismo tiempo, debe ser lo
suficientemente importante como para
que la otra persona sienta que ha hecho
una buena acción al responder a su

petición de forma positiva. Haga que la petición sea positiva para que los demás no piensen que no vale la pena cumplirla. Asegúrese de que la petición es algo que la persona estará dispuesta a hacer sin muchas influencias externas como recompensas o presiones.

Si alguien rechaza la petición real, dará la impresión de ser alguien que accede a algo que no tiene intención de hacer. Cuando se opongan a la petición real, rápidamente cambiarás las tornas para aparecer como la parte agraviada. Deja de tratarse de sus exigencias, ya que ahora es usted el perjudicado. El foco de atención se desplaza a sus quejas y ellos se colocan ahora a la defensiva. A veces, las advertencias y la preocupación por su bienestar se ocultan hábilmente como una preocupación. Los manipuladores siempre intentan socavar las elecciones y decisiones de la otra persona en un intento de sacudir su confianza en sí misma o su sentido de la autoestima. Una vez más, esta técnica de manipulación debe utilizarse con suficiente precaución y cuidado.

4. "Snakes in Suits" - En su publicación *Snakes in Suits,* Robert Hare y Paul Babaik aconsejan que la gente se proteja de los manipuladores que ofrecen cumplidos fuera de lugar y excesivos. Es una gran bandera roja de manipulación. Concéntrese en lo que sigue. Siga preguntándose, ¿qué quiere exactamente esta persona de mí?

5. Forzar el trabajo en equipo. ¿Se ha dado cuenta de que algunas personas siempre están creando una sensación forzada de espíritu de equipo o de propósito compartido donde no existe? Las frases típicas que utilizan son: "somos un solo equipo", "cómo manejamos esto como equipo", "ya lo hemos hecho", etc. Supuestamente, intentan dar la impresión de que ambos están involucrados en algo como un equipo.

En una situación así, ¿cómo puede saber si la persona le está ayudando de verdad o simplemente intenta manipularle? ¿Siente una extraña sensación de incomodidad al aceptar su ayuda? ¿Son sus palabras congruentes con su lenguaje corporal? (más adelante hablaremos del lenguaje corporal) ¿Le da la persona la opción de rechazar la ayuda? ¿Se toma su negativa con el espíritu adecuado? Si la respuesta es negativa, es posible que esté tratando con un manipulador encubierto, que intenta manipularle bajo la apariencia de ofrecerle ayuda.

6. Primera impresión halagadora. Los manipuladores experimentados suelen causar una primera impresión estelar. Utilizan un montón de características seductoras como modales impecables, aspecto atractivo, sonrisa carismática y cortesía para despistar a sus víctimas sobre sus verdaderas intenciones. Sí, existen más allá de las películas, en las que los estafadores se muestran como esos personajes estereotipados con una personalidad y una lengua deslumbrantes.

Con los manipuladores, lo que aparece a simple vista superficie no es la verdad. Sin embargo, con el tiempo y la observación, se dará cuenta de las grietas en sus máscaras hábilmente usadas. Cuando se vuelve realmente sádico, utiliza el silencio para torturar a sus víctimas. Por ejemplo, un compañero de trabajo habla con todo el mundo en el trabajo pero le ignora o se niega a mantener cualquier conversación con usted.

7. Los manipuladores encubiertos aparentan ser desinteresados manteniendo sus verdaderas intenciones, ambiciones, objetivos y agendas astutamente ocultas. Sus verdaderas intenciones se ocultan bajo el disfraz de una causa desinteresada. Esto es difícil de identificar. Estas son las personas que actuarán como si estuvieran trabajando duro en nombre de otra persona mientras ocultan su verdadera ambición de poder y dominio sobre los demás.

Por ejemplo, un manipulador encubierto dará a su jefe la impresión de que está dispuesto a hacer horas extra de trabajo cuando el jefe está de vacaciones sólo para cumplir su ambición de acabar ocupando el puesto de jefe.

8. Iluminación con gas. El término "luz de gas" como técnica de manipulación encubierta proviene de la obra de teatro del mismo nombre, que posteriormente se adaptó al cine. También se ha utilizado en la literatura y en la investigación psicológica.

Utilizando la técnica de la luz de gas, un manipulador tergiversará la realidad para cumplir sus objetivos. Independientemente de la verdad, tiene trucos bajo la manga para hacerle creer que la culpa es suya por no ser capaz de percibir las cosas correctamente. Está tan arraigado en su mente que deja de confiar en sus percepciones y, en cambio, acepta la versión artificiosa de la verdad del manipulador. La técnica pretende que se sienta tan incompetente mentalmente que deje de confiar en su versión de la realidad. Llega a un punto en el que si alguien intenta cuestionar sus percepciones, desconfíe de él.

9. Racionalización. La racionalización es una técnica mediante la cual el manipulador ofrece alguna forma de justificación para una acción hiriente, ofensiva o inapropiada. Lo que hace que esta técnica sea tan difícil de detectar es que la explicación ofrecida suele tener suficiente sentido para que cualquier individuo razonable se la crea.

La racionalización cumple tres propósitos fundamentales, entre ellos, eliminar la resistencia que los manipuladores puedan tener sobre su acción inapropiada, evitar que los demás les señalen con el dedo y ayudar al manipulador a justificar sus acciones a los ojos de la víctima.

Los manipuladores que utilizan la racionalización suelen comportarse de forma muy afectuosa a veces y luego, de repente, se muestran distantes o fríos. Cuando la víctima se cansa de su comportamiento y se enfrenta a ellos o los evita, lo más probable es que griten o lloren y mencionen cómo han estado deprimidos o disgustados últimamente y cómo es una persona tan mala por enfrentarse a ellos sobre su comportamiento aparentemente inapropiado cuando es usted quien se está comportando insensiblemente.

Le conmoverán hasta las lágrimas con lo estresante que es su vida, incluso se disculparán por ello a veces. Sin embargo, a los pocos días, repetirán el patrón. Los manipuladores son extraordinarios intérpretes. Pueden interpretar el papel de víctima con facilidad. Pueden fingir emociones, llorar a voluntad, reírse cuando quieren y fingir que están tristes o felices a petición. Examina con atención los actos de las personas que "te quieren" o que siempre intentan ganarse la simpatía.

10. 10. El análisis de los problemas y el desplazamiento de la meta. La diferencia entre la crítica positiva y la crítica negativa/destructiva es que un manipulador vendrá con normas casi impracticables y ataques personales. Estos autoproclamados críticos pretenden ayudar a su desarrollo, cuando en realidad no quieren verle mejorar. Simplemente operan con la intención de criticarle, hundirle y convertirle en un chivo expiatorio de todas las maneras posibles.

Los manipuladores encubiertos son maestros en el arte de "mover los postes de la portería" para asegurarse de que nunca les falten razones para sentirse decepcionados contigo. Incluso cuando presenta pruebas para validar su postura o actúa para cumplir con su petición, se les ocurrirá otra expectativa elevada para que la cumpla o le pedirán más pruebas para validar su argumento. Sí, ¿quién dijo que tratar con manipuladores era fácil?

Por ejemplo, pueden empezar por meterse con usted por no tener una carrera de éxito. Cuando tenga una carrera exitosa, le cuestionarán por no ser aún multimillonario. Cuando esa expectativa se cumpla, le exigirán por qué su vida personal y laboral nunca está equilibrada. Los postes de la meta seguirán cambiando y las expectativas aumentarán en un intento de hacerle sentir incompetente de una u otra manera.

Una de las formas más sencillas de detectar a un manipulador es observar si le inculca constantemente una sensación de indignidad o si siempre le hace sentir que lo que hace nunca es lo suficientemente bueno. Una persona auténtica o constructiva nunca le inducirá una sensación de indignidad. Le señalarán suavemente sus limitaciones y a menudo le sugerirán formas de superarlas. Los manipuladores, por el contrario, nunca ofrecerán sugerencias para ayudarle a superar sus limitaciones.

Si una persona le critica constantemente sin ayudarle a superar el problema o las limitaciones de forma significativa, lo más probable es que sea víctima de una manipulación encubierta. Lo presentarán astutamente como una crítica constructiva, aunque sólo sea una crítica puntillosa sin ofrecer soluciones.

Si una persona sigue exigiendo más pruebas para validar sus argumentos o sigue aumentando sus expectativas, es evidente que su objetivo no es comprenderte mejor. Lo que pretende es provocarle una sensación de incapacidad o de que tiene que seguir demostrándose a sí mismo todo el tiempo.

11. No pedir disculpas. Los manipuladores encubiertos rara vez se disculpan por sus acciones. En su lugar, negarán, mentirán o cambiarán la culpa para evitar aceptar la responsabilidad de su acto. Tenga en cuenta esta técnica de manipulación encubierta examinando si la persona se

disculpa y acepta la responsabilidad de sus errores.

Si una persona le hace sentir constantemente que está exagerando las cosas o que reacciona de forma exagerada en lugar de disculparse, lo más probable es que esté tratando con un manipulador encubierto. Los manipuladores tienen una fuerte necesidad de tener la razón, incluso a costa de enmendar la relación. Ocultar las disculpas no es más que otro mecanismo de control para ellos.

12. Socavar su éxito. Una vez tuve un amigo al que su pareja le hacía sentir constantemente culpable por tener éxito. Él estaba creando un futuro prometedor para ellos y sus futuros hijos, pero ella le hacía sentir constantemente mal por el hecho de que trabajaba tanto y apenas tenía tiempo para ella. Le acusaba de ser egoísta y de pensar sólo en sus objetivos, cuando en realidad estaba construyendo un futuro para su familia.

Cuando le cuenta a su pareja o a un amigo íntimo sobre un ascenso o una nueva oferta de trabajo, ¿cómo suelen reaccionar? Deberían alegrarse de que progrese en la vida. Los que se preocupan de verdad por usted querrán verle triunfar. Los manipuladores tratarán constantemente de minimizar y socavar su éxito. Siempre encontrarán alguna forma de infundir negatividad en cualquier forma relacionada con su historia de éxito. Esto surge de una clara sensación de inseguridad de que ahora se está volviendo más autosuficiente y ya no los necesitará.

La sensación de que cuanto más éxito tenga, menos podrán controlarle los lleva a comportarse de forma irracional. Así, le harán sentir miserable por su éxito. A veces, incluso se enfadan sin motivo aparente. Una de sus mayores preocupaciones es que la independencia financiera le dará la capacidad de sobrevivir sin su ayuda. Esta perspectiva puede resultar amenazante para una persona que está acostumbrada a que su amigo o pareja dependa excesivamente de él.

13. 13. Ciclo de miedo y alivio o uso del miedo seguido del alivio. Esta es otra estrategia de manipulación encubierta que se utiliza en una variedad de entornos, popularmente utilizada por los anunciantes, los gerentes de marca y los vendedores para persuadir a su grupo de consumidores objetivo a tomar la acción deseada a favor de sus productos o servicios. ¿Cómo funciona la cadena de miedo y alivio? Básicamente, actúa en un nivel psicológico que hace que todo el proceso sea eficaz.

Esta técnica de manipulación encubierta consiste en jugar con los miedos de la otra persona para conseguir que tome la acción requerida a su favor. Se introduce una sensación de miedo y se le hace pensar en lo peor que puede ocurrir en una determinada situación. A continuación, se ofrece una sensación de alivio. La persona experimentará una gran sensación de alivio y positividad que le ayudará a tomar una decisión rápida para cumplir con su agenda.

Veamos un ejemplo. Comience diciendo algo como: "Cuando me puse tus pendientes en la fiesta la otra noche, oí un chasquido. Estaba seguro de que el pendiente se había roto. Más tarde, me di cuenta de que, en realidad, mi hermana estaba viendo un vídeo en su tableta. ¿No es gracioso? Eso me recuerda que me puedes prestar esos preciosos pendientes de nuevo para un próximo evento".

¿Qué acaba de hacer? Ha llevado a la persona a través de una curva de miedo seguida de alivio para provocar un rápido cambio en sus emociones a nivel psicológico que le ayude a actuar en la dirección deseada. La otra persona siente un gran alivio al saber que no le ha pasado nada a sus pendientes y que se encuentra en un estado adecuado. Entre en un estado mental más receptivo, flexible y positivo, lo que hace que sea más sencillo para usted conseguir que haga lo que desea.

Empiece por sembrar semillas de inseguridad y miedo en la otra persona. Haga que se imagine lo peor que puede pasar en esa situación. A continuación, siga con tacto aportando una solución o sumergiéndose en una narración sobre cómo las cosas no eran tan malas como la otra persona pensaba o imaginaba. Una vez que la persona se dé cuenta de que las cosas no son tan desafortunadas como había imaginado, será más fácil conseguir que se ponga en un estado de ánimo más receptivo y agradable. El rápido torbellino de emociones que se produce en la montaña rusa facilita que la otra persona se ponga en un estado de ánimo más positivo una vez que se le ofrece algo de esperanza para combatir su miedo. Esta positividad puede utilizarse para conseguir que hagan lo que usted quiere.

Piense en el impacto que tiene la persona a nivel psicológico. La víctima pasa por un ciclo o patrón de emociones poderosas. El miedo es una emoción enorme que es capaz de hacer que la gente tome muchas acciones rápidas. Sin embargo, debe utilizarse con moderación. Más allá de un punto, si la gente se da cuenta de que simplemente usas el miedo como una herramienta para manipularlos, dejarán de responder a él. El miedo hace que la gente se sienta incómoda y nerviosa. A esto le sigue inmediatamente el positivismo, una enorme sensación de alivio y una esperanza instantánea.

Veamos otro ejemplo para entender cómo un mercado impulsado por el consumo utiliza esta estrategia de manipulación al máximo cuando se trata de conseguir que la gente tome decisiones relacionadas con la compra. Casi todos los vendedores de seguros utilizan el ciclo de alivio del miedo en sus clientes potenciales para conseguir que les compren un seguro. Les transmiten una sensación de miedo, estrés, pánico y ansiedad para informarles de que sus objetos de valor siempre corren el riesgo de perderse o destruirse en varias circunstancias desafortunadas. Hablarán de robos, incendios, atracos y otras situaciones desafortunadas en las que sus objetos de valor pueden perderse, destruirse o ser robados. A continuación, le propondrán una solución: contratar una póliza de seguro para no sufrir pérdidas económicas. Esta técnica de ciclo de miedo-alivio genera cierta esperanza, certeza, seguridad y alivio en la persona para llevarla a tomar una decisión de compra rápida. Piensan que la póliza es la solución o el rayo de esperanza cuando se trata de proteger el valor de sus objetos de valor.

14. Pida mucho y reduzca la escala. Es lo contrario de la técnica del pie en la puerta. En la jerga psicológica, también se conoce como la técnica de la "puerta en la cara". Comience haciendo una petición ridícula e irracional a alguien (que está garantizado que rechazará). Más tarde,

vuelve y pide algo mucho más factible y menos ridículo (lo que buscaba en primer lugar).

Puede parecer una locura, pero la idea es hacer que la otra persona se sienta arrepentida de haber rechazado su petición inicial (aunque sea obviamente ridícula). La próxima vez que se le ocurra algo más razonable, la persona se sentirá obligada a cumplirlo. Esto es como la retribución por haber rechazado su petición anterior, y se sienten más obligados a ayudarle a usted que a otra persona. Varias empresas y vendedores utilizan esta técnica para vender a sus clientes.

15 Falsa confianza. De acuerdo, se viste de forma atractiva, tiene un aspecto muy cuidado, lleva los accesorios más elegantes y aun así se pregunta por qué la gente no le escucha, no le sigue o no suscribe sus opiniones.

Lo más probable es que le falte el accesorio más importante: la confianza.

Sí, tiene que matar al demonio de la baja confianza si realmente quiere inspirar la fe de los demás. La ropa, los accesorios y el aseo personal sólo pueden llevarle hasta cierto punto.

Uno de los principios más fundamentales de la confianza es que puede fingirla totalmente incluso cuando no la siente. Todo depende de su lenguaje corporal, su voz, sus expresiones y sus gestos (que afortunadamente están bajo su control). Puede fingir ser una persona muy segura de sí misma incluso cuando se sientes como un limón por dentro.

Nuestro lenguaje corporal repercute invariablemente en nuestro estado mental y viceversa. Cuando se actúa con confianza durante mucho tiempo, se acaba confundiendo al cerebro para que crea que, efectivamente, se es una persona muy segura de sí misma. Entonces, el cerebro se reprograma automáticamente y dirige al cuerpo a mostrarse confiado, creyendo que ha metido la pata en alguna parte. Así, lo que empieza como un acto pretencioso, en realidad le lleva a transformarse en un individuo más confiado y seguro de sí mismo.

Tiene que actuar con seguridad y confianza en sí mismo si realmente quiere que la otra persona se crea lo que dice. Si no parece convencido de algo, hay pocas posibilidades de que pueda convencer a los demás. Por lo tanto, la confianza es uno de los accesorios más importantes para un manipulador.

Capítulo 3: Técnicas de manipulación de la PNL

¿Qué es la programación neurolingüística?

La Programación Neurolingüística o PNL, en términos sencillos, es el lenguaje de programación de su mente. Todos hemos tenido casos en los que hemos intentado comunicarnos con alguien que no habla nuestro idioma. ¿El resultado? No nos han entendido.

Va a un restaurante a bordo y pide un filete de lujo pero acaba recibiendo un guiso insípido debido a la mala interpretación del lenguaje y los códigos.

Esto es precisamente lo que ocurre cuando intentamos comunicarnos con nuestra mente subconsciente. Creemos que le estamos ordenando que nos dé relaciones más felices, más dinero, un mejor trabajo y otras cosas similares. Sin embargo, si eso no es lo que realmente aparece, algo se está perdiendo en la traducción. La mente subconsciente/inconsciente tiene el poder de ayudarnos a lograr nuestros objetivos sólo si la programamos utilizando códigos que reconoce y entiende.

Si está pidiendo a su mente inconsciente un filete y recibiendo un guiso, es hora de hablar su idioma. Piense en la PNL como un manual de usuario para el cerebro. Cuando las personas dominan la PNL, adquieren fluidez en el lenguaje de la mente subconsciente, lo cual es excelente cuando se trata de reprogramar sus pensamientos, ideas y creencias y los de otras personas. Esto les da el poder de influir y persuadir a las personas y, en el lado negativo, incluso de manipularlas.

La Programación Neurolingüística es un conjunto de técnicas, métodos y herramientas para mejorar la comunicación con las capas más profundas de nuestro cerebro. Es un enfoque que combina el desarrollo personal, la psicoterapia y la comunicación. Sus creadores (John Grinder y Richard Bandler) afirman que existe un fuerte vínculo entre el lenguaje, los patrones de comportamiento y los procesos neurológicos, que puede utilizarse para mejorar el aprendizaje y el desarrollo personal.

Influencia frente a manipulación

Entonces, ¿cree que un martillo es una herramienta de utilidad o de destrucción? Bueno, depende de cómo lo use, ¿no? ¿O de la finalidad con la que lo utilice?

La PNL es potente cuando se trata de conseguir que la gente haga lo que uno quiere. Es el martillo que puede utilizarse para fijar un clavo en la pared o destruir un trozo de madera. Del mismo modo, la PNL puede utilizarse para construir algo positivo o puede utilizarse con un propósito destructivo (manipulación).

PNL y Manipulación tienen casi el mismo significado. Ambos consisten en generar el efecto deseado en otras personas sin un esfuerzo evidente. Sin embargo, una diferencia clave entre la influencia y la manipulación es que esta última pretende influir en los demás para alcanzar los objetivos egoístas del manipulador a través de medios que pueden ser injustos, ilegales, furtivos o insidiosos. Las cosas se traman con métodos poco limpios para que resulten a favor del manipulador. Un manipulador suele aprovecharse de las inseguridades, los miedos y la culpa de otras personas. A su vez, las víctimas de la manipulación se sienten insatisfechas, frustradas, atrapadas e infelices.

Por el contrario, la influencia es la capacidad de inspirar a las personas de forma admirable, carismática y honorable. A menudo nos inspiran las personas influyentes y aspiramos a modelar nuestra vida según la suya. Hay un sentimiento general de positividad relacionado con ellas, y nos sentimos

positivamente impactados en su
compañía. No todas las influencias son
positivas, por lo que utilizamos términos
como "mala influencia" para significar el
efecto negativo de una persona sobre
nosotros. Sin embargo, la manipulación
nunca se clasifica como buena o mala.
Siempre opera con motivos siniestros. Esa
es la principal diferencia entre la
influencia y la manipulación.

La influencia es un arma de doble filo que
puede utilizarse de forma positiva y
negativa, mientras que la manipulación
sólo opera con una perspectiva negativa,
estrecha y egoísta para cumplir los
objetivos del manipulador.

 Mientras que la manipulación tiene
motivos egocéntricos y cuestionables, la
influencia también puede ser positiva. A
diferencia de la manipulación, la
influencia tiene connotaciones positivas,
ya que tiene en cuenta las necesidades, los
objetivos y los deseos de los demás. Como
padres, ¿no queremos influir en nuestros

hijos para que lleven una vida más feliz y saludable? Del mismo modo, como directivos, queremos influir en nuestro equipo para que se esfuerce al máximo.

Al igual que el martillo del que hablábamos antes, la gente puede utilizar la PNL para influir positiva o negativamente en las personas para conseguir sus propios objetivos egoístas (manipulación). La PNL es una herramienta de control mental que puede hacer ambas cosas: construir y dañar. Las técnicas mencionadas aquí pueden ser usadas para detectar a los PNL que le manipulan o para que usted manipule a otras personas. De nuevo - tiene una poderosa herramienta en su poder que puede ser usada constructiva o destructivamente.

¿Cómo se utiliza la PNL para manipular a las personas?

La formación en PNL se realiza en una estructura piramidal, con técnicas sofisticadas reservadas a los seminarios de alto nivel. Es un tema complejo (quién dijo que cualquier cosa relacionada con la mente humana sería alguna vez fácil). Sin embargo, para simplificar un concepto complicado, los NLPers o las personas que practican la PNL prestan una gran atención a las personas con las que trabajan. Observan todo, desde los movimientos de los ojos hasta el enrojecimiento de la piel y la dilatación de las pupilas, para determinar qué tipo de información están procesando las personas.

A través de la observación, los PNL pueden saber qué lado del cerebro es dominante en una persona. Del mismo modo, pueden saber qué sentido es el más activo dentro del cerebro de la persona. Los movimientos oculares pueden determinar cómo su cerebro almacena y utiliza la información. También es fácil descifrar si la persona está afirmando hechos (diciendo la verdad) o inventando hechos (mintiendo) mirando sus movimientos oculares.

Después de recopilar esta valiosa información, el manipulador de PNL reflejará e imitará sutilmente a sus víctimas (incluyendo el habla, el lenguaje corporal, los gestos, los patrones lingüísticos verbales y más) para dar la sensación de ser "uno entre ellos".

Los manipuladores de la PNL fingirán pistas sociales para hacer que sus víctimas bajen la guardia y entren en un estado mental más abierto, receptivo y sugestionable, en el que se preparan para absorber cualquier información que se alimente en su mente. Los manipuladores utilizarán astutamente un lenguaje centrado en los sentidos predominantes de la persona.

Por ejemplo, si una persona se centra en su sentido visual, lo más probable es que el manipulador de PNL lo utilice en su beneficio de forma óptima diciendo algo como: "¿Ves de dónde vengo?", "¿Puedes ver lo que estoy tratando de decirte?" o "¿Lo ves así?". Del mismo modo, si una persona es predominantemente auditiva, el manipulador le hablará utilizando metáforas auditivas como "escúchame una vez Tim" o "te escucho".

Al reflejar el lenguaje corporal y los patrones lingüísticos verbales de su víctima, los expertos en PNL o los manipuladores de PNL intentan lograr un objetivo claro: construir una relación. Como ya se ha dicho, los manipuladores también intentan conseguirlo compartiendo demasiado, demasiado pronto, o construyendo una intimidad temprana. El objetivo es el mismo: establecer una relación con sus víctimas, lo que facilita que éstas bajen la guardia.

Una vez que el manipulador utiliza la PNL para establecer una relación y bajar la guardia de la víctima mediante el uso inteligente del lenguaje corporal y los patrones verbales, la víctima se vuelve más abierta y sugestionable. Se le dan pistas sociales falsas a la víctima para que su mente sea más maleable.

Una vez que han establecido una relación, los manipuladores de la PNL comenzarán a llevar a la víctima a una mayor interacción de manera sublime. Después de haber reflejado a la víctima y haber establecido en la mente subconsciente de la víctima que ellos (el manipulador) son uno de ellos (la víctima), el manipulador aumenta sus posibilidades de conseguir que la víctima haga lo que el manipulador quiere. Cambiará sutilmente su comportamiento y su lenguaje para influir en las acciones de su víctima.

Las técnicas pueden incluir preguntas capciosas, patrones de lenguaje sublimes y una serie de otras técnicas de PNL para maniobrar la mente de la persona hacia donde quiera. La víctima, por otro lado, a menudo no se da cuenta de lo que está ocurriendo. Desde su punto de vista, todo está ocurriendo de forma natural/orgánica o según su consentimiento.

Por supuesto, los manipuladores (por muy hábiles que sean) no podrán utilizar la PNL para conseguir que la gente se comporte de una manera totalmente fuera de lo normal. Sin embargo, puede utilizarse para dirigir las respuestas de las personas en la dirección deseada. Por ejemplo, no se puede convencer a una persona fundamentalmente ética y veraz para que actúe de forma deshonesta. Sin embargo, se puede utilizar para conseguir que una persona piense en una dirección o línea de pensamiento específica. Los manipuladores utilizan la PNL para obtener respuestas específicas de una persona.

La PNL trata de lograr dos fines, la provocación y el anclaje. La provocación se produce cuando los PNL utilizan el lenguaje y el liderazgo para llevar a sus víctimas a un estado emocional. Una vez conseguido el estado de deseo, el PNL ancla la emoción con una pista física específica, por ejemplo, tocando su hombro. Esto significa simplemente que un PNLer puede invocar la misma emoción en usted tocando su hombro.

Por ejemplo, digamos que el manipulador de PNL le hace sentir deprimido o indigno utilizando el lenguaje, la conducción y otras técnicas de PNL. Esto es seguido por golpear el dorso de las palmas de las manos de una manera específica para crear anclaje. Así, cada vez que quieran crear en usted una emoción de desilusión, depresión e indignidad, le darán golpecitos en el dorso de la palma de la mano. No es otra cosa que condicionarte para que se sienta de una determinada manera con pistas físicas vinculadas.

Ahora que tiene una idea justa de lo que es la PNL o de cómo los manipuladores pueden utilizarla para someterse, ¿qué puede hacer para protegerse de los manipuladores de la PNL?

He aquí algunos consejos para evitar que los PNL le hagan sus trucos, tan inteligentes como furtivos.

1. Desconfíe de las personas que imitan su lenguaje corporal. De acuerdo, no lo sabía hasta ahora, pero que la gente imite o copie su lenguaje corporal es una de las mayores señales rojas de que intentan manipularte, influenciarte o persuadirte para que actúes de la manera deseada. Me gusta mucho poner a prueba a estos expertos en PNL utilizando sutiles gestos con las manos y movimientos de las piernas para saber si realmente están reflejando mi lenguaje corporal para establecer una relación.

Si siguen su ejemplo, ¡es mi pista para huir! Los expertos en PNL han dominado el arte del reflejo sutil, lo que significa que puede que ni siquiera se dé cuenta de que están imitando sus acciones. Los principiantes en PNL imitarán al instante exactamente el mismo movimiento en su afán por establecer un sentimiento de unidad, ¡lo cual es una buena manera de que usted llame la atención sobre su farol!

Si buscas una forma de manipular a la gente, el reflejo puede hacer maravillas "La imitación es la mejor forma de adulación". Para hacer que alguien le acepte al instante, sea uno de ellos o, mejor, como ellos. Reflejar las palabras y el comportamiento de alguien es un instinto primordial. Hace que la gente piense rápidamente que forma parte del "clan".

¿Ha visto cómo los vendedores inteligentes suelen repetir las palabras que usted hace o imitar sus gestos sólo para persuadirle suavemente de que les compre? O cómo los influencers hablan "el lenguaje de su gente" sólo para ganarse la confianza de sus seguidores. No hacen más que utilizar la potentísima técnica del mirroring.

Cuando realmente quieras influir en la gente o conseguir que hagan lo que tú quieres, observa atentamente su comportamiento, el tono de voz, los ademanes, el lenguaje corporal y los patrones de habla. A continuación, utilice lo mismo en sus interacciones con ellos para hacerse simpático al instante. Funciona como la magia.

Las investigaciones apuntan a que las personas que son imitadas son más propensas a responder de forma más positiva a las personas que las imitan. La forma en que esto funciona a nivel psicológico es que imitar el patrón de comportamiento o las palabras de alguien les hace sentir una sensación de validación. Esta positividad se transmite directamente a la persona que los validó al reflejar su comportamiento. Llegan a asociar a las personas que las reflejan como positivas y simpáticas. ¿No aumenta automáticamente su autoestima y confianza cuando alguien le emula? E invariablemente acaba queriendo a las personas que le admiran.

Otro consejo potente en la misma línea es parafrasear lo que la gente dice y repetirlo, lo que también se denomina escucha reflexiva. Esto demuestra a la otra persona que la ha escuchado, lo que en cierto modo valida todo lo que ha dicho. Los terapeutas y consejeros utilizan generosamente la escucha reflexiva (por eso a la gente le encanta hablar con ellos).

Esta técnica puede aplicarse en casi cualquier lugar, desde sus empleados hasta sus amigos o su pareja. Cuando escucha a las personas con atención y reformula lo que han dicho en forma de pregunta para confirmar que están en la misma línea, hace que se sientan más cómodas al interactuar consigo. Es más probable que desarrollen sentimientos positivos hacia usted y le escuchen con más atención porque ya ha demostrado que lo que dicen es importante para usted.

2. Confundir con los movimientos de los ojos. Otra forma fantástica de llamar la atención de un manipulador de PNL es notar si están jugando muy cerca de sus ojos o movimientos oculares. Los usuarios

de la PNL suelen examinar a su objetivo o a su víctima con mucho cuidado. Los movimientos de los ojos son escudriñados para medir cómo accede y almacena la información.

En efecto, quieren determinar qué partes del cerebro utiliza para obtener pistas sobre sus pensamientos y sentimientos. Para ello, mueva los ojos por todo el lugar de forma aleatoria. Muévala hacia arriba y hacia abajo o de lado a lado sin un patrón claro. Está despistando a su manipulador de PNL. Haga que parezca natural. Su calibración se irá por el camino.

3. Cuidado con el tacto de la gente. Como hemos comentado antes, una de las técnicas que utilizan los practicantes de la PNL es el anclaje. Si sabe que una persona practica la PNL y está en un estado emocional especialmente elevado o intenso, no permita que le toque de ninguna manera. Desvíelo de su curso riendo repentinamente con fuerza o volando en un ataque de rabia.

Básicamente, les está confundiendo sobre la emoción que necesitan anclar. Incluso si intentan establecer una pista física para invocar ciertas emociones, se quedarán con una mezcla de risa loca, rabia y cualquier otra cosa que haya hecho.

4. Cuidado con el lenguaje permisivo. El lenguaje típico utilizado por los PNL incluye "estate relajado", "relájate y disfruta de esto" y otras afirmaciones similares. Tenga cuidado con este lenguaje de estilo hipnotizador de la PNL que le induce a un estado de relajación profunda o rastrea para conseguir que piense o actúe de una manera específica. Los manipuladores hábiles o encubiertos rara vez ordenan de manera directa.

Buscarán hábilmente su permiso para darle la impresión de que está haciendo lo que ellos quieren que haga por su propia voluntad (uno de sus muchos trucos siniestros). Si observa a los hipnotizadores experimentados, nunca le ordenarán directamente que haga algo, sino que buscarán su permiso para que parezca que se hace de forma orgánica, con su consentimiento.

5. Evitar el galimatías

Cuidado con las tonterías que no tienen ningún sentido lógico o con las afirmaciones retorcidas/complicadas que no significan nada. Por ejemplo, "A medida que liberes la sensación de estar retenido por sus pensamientos, se encontrará alineado con la voz de tu éxito". ¿Tiene esto algún sentido? Los manipuladores de la PNL no dirán nada a propósito, sino que programarán su estado emocional para llevarlo hacia donde ellos quieran.

Una de las mejores maneras de protegerse contra este tipo de manipulación inducida por el hipnotismo y la PNL es instar al manipulador a ser más específico. ¿Puede ser más claro al respecto? ¿Puede especificar exactamente lo que quiere decir? No sólo interrumpirá su técnica astutamente establecida, sino que también forzará la interacción con un lenguaje preciso, rompiendo así el trance provocado por las palabras y frases ambiguas.

6. No acepte nada rápidamente. Si se ves obligado a tomar una decisión instantánea sobre algo importante y sientes que le dirigen en una dirección concreta, escapa de la situación. Espere un día para tomar una decisión. No se deje arrastrar o llevar a tomar una decisión que no quiere tomar por impulso. Los profesionales de las ventas son expertos en manipular a los compradores para que compren algo que no necesitan utilizando tácticas de manipulación y PNL. Cuando alguien le apresura a tomar una decisión, debería ser una señal de advertencia para que se eche atrás y espere hasta que haya reflexionado más sobre la situación.

Capítulo 4: Persuadir e influir en las personas

La gratitud es otra gran cualidad de influenciador/influenciador/modelo de rol. Los manipuladores e influenciadores eficientes conocen el poder del simple agradecimiento para canalizar a las personas en la dirección correcta. Un simple gesto como dar las gracias a la gente, apreciar el esfuerzo que han puesto en un proyecto o elogiar públicamente sus habilidades, contribuye en gran medida a inspirar su lealtad hacia usted.

Elija siempre reconocer el trabajo o los esfuerzos de los demás y concéntrese en elevarlos como brillantes modelos de conducta para los demás. Pocas cosas suben la moral de una persona que ser presentada como un ejemplo brillante. Esto no sólo hace que la persona se sienta de maravilla, sino que también le ayuda a reforzar lo que es correcto hacer. Todo el mundo quiere ser apreciado y valorado y, por tanto, se sentirá motivado para hacer las cosas como se deben hacer. Una vez que una persona se da cuenta de que le agradece algo, seguirá haciéndolo aún más.

Otro consejo que puede convertirle en un magnífico manipulador, influenciador y persuasor es la capacidad de ayudar a la gente a salvar la cara en una situación potencialmente embarazosa o incómoda. La persona se sentirá en deuda contigo de por vida. Sentirá una profunda gratitud por haberle ayudado a salir de una situación complicada, lo que a su vez le inspirará una lealtad inquebrantable.

Puede ayudar a desviar la atención del error de la persona. Por ejemplo, si alguien dice algo que no debería haber dicho por error o por accidente, cambie rápidamente de tema antes de que nadie se dé cuenta o haga como si no hubiera pasado nada.

Como influenciador o manipulador, está mostrando a la gente que se preocupa lo suficiente por ellos como para encubrir pequeñas vergüenzas o faltas. Sin embargo, no deje que la gente se aproveche de su amabilidad. Asegúrese de que la persona sea informada asertivamente en privado (si se trata de un asunto potencialmente importante) de que no mostrará una indulgencia similar si se trata de una infracción habitual.

Entrena y orienta a las personas en lugar de humillarlas. Si detectas un esfuerzo sincero por cambiar, ayúdales a cambiar. Trabajen juntos en estrategias que puedan ayudarles a alcanzar sus objetivos.

Relájese

Los comportamientos relajados, racionales y constantes tienen más probabilidades de lograr el éxito influyendo en la gente que los enfoques emocionales, volátiles y exigentes. Ser ecuánime e imperturbable puede hacerle ganar más adeptos que una actitud irracionalmente dogmática.

La gente tiende a escucharle mejor cuando habla despacio, de forma relajada y seguro de sí mismo. Si se pones a despotricar y a insultar, seguro que pierde el respeto con el paso del tiempo. Los influencers rara vez muestran reacciones emocionales extremas. Exudan una seguridad natural en sí mismos que, en última instancia, les ayuda a influir en los demás sobre sus ideas.

Si realmente quiere que la gente le escuche, evite dar órdenes. Eso le hace parecer muy prepotente e irrespetuoso. En cambio, cuando demuestras que realmente le importan las aportaciones de los demás, es más probable que la gente responda a su petición. Se sentirán menospreciados y harán exactamente lo contrario de lo que les pides.

En su lugar, haga peticiones educadas y respetuosas. Utilice la palabra "por favor" siempre que pueda. En lugar de ordenar a una persona que realice una llamada de ventas al aire libre durante el día, puede decir algo como: "¿No hace un día precioso fuera hoy? ¿No sería un buen día para hacer su llamada de ventas al aire libre? Es poco probable que la persona se niegue. Pídalo de una manera que a la gente le resulte difícil de rechazar.

Preste atención a su lenguaje corporal

¿Sabía que el lenguaje corporal representa el 55% del proceso de comunicación? ¿Y que el tono de su voz supone un 38 por ciento de toda la comunicación? Esto significa simplemente que la comunicación no verbal es más importante que lo que habla o la comunicación verbal.

No se reduce a lo que dice, sino también a cómo lo dice o a la forma en que comunica algo. Todo, desde los gestos hasta la postura y la expresión de los ojos, influye en el mensaje que se intenta transmitir. Por ejemplo, cuando una persona tiene una expresión estoica en la cara y cruza los brazos sobre el pecho, sabe que le está hablando de forma acusadora. Sin embargo, una voz más calmada, unos brazos y piernas sin cruzar y un lenguaje corporal generalmente relajado harán que la otra persona se sienta más tranquila. Es probable que se ponga menos a la defensiva y sea más receptiva al mensaje.

He aquí algunos consejos para mantener un lenguaje corporal positivo. Mire de frente a la persona mientras le habla. Mantenga el contacto visual sin mirar fijamente y sin hacer que la otra persona se sienta incómoda. Está bien cambiar la mirada de vez en cuando. No se mueva ni de golpecitos con los dedos o los pies. Puede dar a su amigo la impresión de que no le interesa lo que está diciendo. Uno de los mejores consejos para revelar su interés en la otra persona o en lo que está diciendo es inclinarse en su dirección. Mantenga su lenguaje corporal menos rígido y muéstrese relajado o cómodo.

El lenguaje corporal es un componente integral de su persona como manipulador e influenciador. El tono de voz, las expresiones, los gestos, la forma de caminar, la postura y otras pistas no verbales son determinantes a la hora de conseguir que la gente haga lo que tú quieres.

Mantenga siempre un tono de voz asertivo, firme, decidido y bajo. Los estudios han revelado que hablar con la gente en tonos bajos tranquilizadores y reconfortantes hace que sean más eficientes. Esto no implica en absoluto que no debas tener una voz fuerte, segura y naturalmente confiada que demuestre que va en serio. Pero no vaya por ahí hablando en tono alto todo el tiempo para afirmar su autoridad si quiere que la gente le tome en serio. Hable siempre despacio y haga pausas efectivas para reforzar la autoridad. Parecerá menos autoritario si habla rápido sin salpicar su discurso con pausas impactantes.

El apretón de manos de un influenciador y manipulador es firme sin ser intimidante y apretado. Su objetivo debe ser asegurar a la gente en lugar de establecer un statu quo con su apretón de manos. No recurra a un apretón de manos flojo utilizando sólo las puntas de los dedos de la mano. Utilice toda la mano. Tiene una sola oportunidad de crear una primera impresión poderosa, y su apretón de manos puede causar un impacto instantáneo.

¿Sabía que la gente se apodera de usted y forma una opinión de su persona en los 4 segundos iniciales de su primera interacción con ellos? Haga que cada segundo cuente. Un apretón de manos firme transmite confianza, afabilidad y positividad. Simboliza la unión de dos poderes que pueden unirse para crear algo formidable. Las personas influyentes siempre dan la mano de una manera que transmite su fuerza y control.

No utilice gestos aleatorios, distraídos o nerviosos al dirigirse a su grupo. Utilice gestos que complementen la comunicación verbal. Por ejemplo, si está hablando de un trabajo bien hecho o de un agradecimiento dirigido a su empresa, utilice el gesto del pulgar hacia arriba. Estos gestos apoyan su discurso y crean una impresión memorable en la mente de los seguidores.

Mantenga siempre una postura poderosa. Los influenciadores fuertes comunican confianza, seguridad en sí mismos y fuerza de forma muy sutil a través de su postura. Mantenga su postura extendida y abierta para proyectar transparencia, confianza y poder. La cabeza debe estar recta. Mantén un contacto visual ininterrumpido mientras hablas con la gente. No se olvide de sonreír.

Uno de los mejores trucos antes de presentar una idea (con la que quiere que la otra persona esté de acuerdo) es practicar posturas frente a un espejo. Invariablemente, se sentirás más seguro de sí mismo y transmitirá inconscientemente a su público que tiene todo el control, que es positivo con respecto al futuro de la organización y que es capaz de establecer objetivos poderosos. Cuando esté en el escenario, intente caminar, hacer una pausa y volver a caminar para conseguir un mayor efecto, en lugar de realizar movimientos erráticos o permanecer inmóvil. El movimiento representa la energía, el entusiasmo y el compromiso, que pueden ser muy contagiosos para los seguidores.

Los gestos de ansiedad, como tirarse del cuello de la camisa o levantarse el pelo, indican un cúmulo de energía nerviosa, lo que no contribuye a asegurar a los seguidores en una crisis. Los empleados esperan que las personas influyentes estén tranquilas y controlen la situación cuando están nerviosas. Si detectan nerviosismo en su lenguaje corporal, también tienden a perder la confianza. Mantenga su lenguaje corporal calmado, frío y tranquilo para restablecer la seguridad. Esto reconforta a los seguidores y facilita la colaboración.

Desarrollar un estilo de comunicación impresionante

Cada persona tiene sus propias preferencias y estilos de comunicación a la hora de transmitir sus ideas, pensamientos y conceptos. Si quiere tener una posición más dominante o quiere que los demás le vean como una persona influyente, desarrolle un estilo de comunicación único. ¿Cuál es su principal medio de comunicación? ¿Pone más énfasis en la comunicación verbal o no verbal?

En una ocasión, una formadora me dijo que le encantaba la forma en que gesticulaba con las manos mientras hacía una presentación. Añadía más impacto al mensaje y lo hacía aún más eficaz. A partir de entonces, empecé a incorporar conscientemente estos poderosos gestos con las manos en mi presentación para darle más fuerza, lo que realmente me funcionó. ¿Cuál es su USP de comunicación? Si se le dan bien las palabras, aprovéchelo. Si tiene una cara más expresiva o animada, comuníquese a través de las expresiones.

Descubra sus propias preferencias de comunicación. Yo soy una persona que hace ojitos, así que puedo comunicarme fácilmente a través de mis ojos si no estoy satisfecha con algo. Haga un balance de sus puntos fuertes y débiles y de sus estilos de comunicación. No siempre tiene que seguir los pasos de los demás en lo que respecta a la comunicación. Póngase delante de un espejo y observe su estilo de comunicación. Preste atención a sus gestos, su voz, sus expresiones, su tono... ¿Cómo se comunica con la otra persona? ¿Qué palabras y frases utiliza con frecuencia? ¿Su estilo de comunicación anima a la gente a escuchar o a desconectar? ¿Su lenguaje es positivo o negativo?

Por ejemplo, si alguien no está rindiendo a la altura de sus expectativas, ¿dice "eres pésimo en esto" o "tienes el potencial para hacerlo mucho mejor"? ¿Su lenguaje cierra las brechas o destruye las relaciones? ¿Sus palabras animan a seguir conversando? ¿Inspiran a sus jefes, compañeros de trabajo o subordinados a aportar ideas? ¿Cierras a la gente con lo que habla? Todo esto es importante cuando se trata de la comunicación en el lugar de trabajo.

Las personas suelen tener uno de estos tres estilos de comunicación, que pueden variar según la situación. Algunas personas tienen estilos de comunicación más autoritarios o dictatoriales, mientras que otras son más sumisas. La tercera es la categoría asertiva, que es a la que debe aspirar. El dogmático o dictatorial dice: "Siempre tengo razón. Mi palabra es la verdad del evangelio". La sumisión dice:

"Tú siempre tienes la razón y yo cedo a todo lo que dices".

Sin embargo, la asertividad dice: "Creo que tengo razón, pero eso no significa que no respete tu opinión o tu derecho a discrepar". La asertividad es el respeto por su punto de vista y por el de la otra persona. Es defenderse a sí mismo sin menospreciar a la otra persona. Es el medio perfecto entre ser dogmático y sumiso. Fíjese en el personal de alta dirección de cualquier organización. La mayoría de las veces, observará que han dominado el arte de exponer su punto de vista sin ofender a los demás. Por supuesto, también hay muchas excepciones. Yo he tenido mi cuota de jefes infernales. Sin embargo, las personas que saben hablar para que los demás los escuchen sin ofenderse han dominado prácticamente el arte de la comunicación empresarial.

Identificar una base común sólida

Cuando veas que la gente se desentiende de la conversación o no responde favorablemente a lo que dices, cambia de tema. Encuentre un punto en común entre usted y la otra persona para establecer un nivel de comodidad. Los vendedores utilizan esta técnica de comunicación todo el tiempo. Están entrenados en el arte de crear una relación con los clientes potenciales.

Busque pistas hasta que encuentre algún punto en común. Entable una conversación con la persona sobre el tema durante un rato hasta que se descongele. Haga que se sientan cómodos y luego vuelve al tema inicial. Estarán más receptivos y abiertos a lo que dice. A menudo nos rendimos cuando nos damos cuenta de que la otra persona no está respondiendo o reaccionando favorablemente a lo que estamos diciendo. Sin embargo, los comunicadores poderosos son capaces de encontrar rápidamente una conexión a través de un hilo conductor y hacer que la otra persona se relacione con ellos de una manera más positiva.

Diga las cosas en el momento adecuado

Este es uno de los puntos más importantes a la hora de comunicarse con la gente en el ámbito profesional. A veces, el problema de la comunicación no se basa en cómo se dice algo, sino simplemente en el momento en que se dice. Si tiene un problema con alguien en el trabajo, diríjase a él directamente en lugar de hacérselo saber a todo el lugar de trabajo. Del mismo modo, todo el mundo tiene sus días y momentos malos. Muestra más empatía hacia las personas comprendiéndolas. Todos nos estresamos y tenemos nuestra parte de días improductivos o ineficientes. Está bien tender la mano a la gente y ser comprensivo con ellos cuando es evidente que lo están pasando mal.

No debería haber lugar para el dramatismo en un entorno profesional.

Asegúrese de elogiar a las personas públicamente cuando hayan hecho algo maravilloso y de criticarlas personalmente. Conozco a una persona influyente en las redes sociales que es muy popular y querida en su comunidad porque elogia públicamente a las personas. Siempre destaca sus aspectos positivos y reconoce públicamente su fuerza.

Sin embargo, cuando algo no sale como estaba previsto o los resultados no están a la altura, llama a su personal al interior de la cabina y mantiene una conversación individual con ellos. Nadie se entera de la conversación que comparte con sus asistentes. Esto hace que su aura sea muy positiva e inspiradora. Ni que decir tiene que la gente se toma en serio su palabra y la escucha.

Del mismo modo, mantenga un lenguaje corporal potente y positivo mientras se comunica con la gente. Por ejemplo, mantenga el contacto visual para demostrar que le interesa o respeta lo que le están diciendo. Sea más consciente y atento a su lenguaje corporal mientras se comunica con la gente. Imagine que un compañero de trabajo le está expresando sus preocupaciones y usted coloca la barbilla sobre la mano mientras pones los ojos en blanco periódicamente mientras le escucha. ¿Qué señal les está enviando? Que no le importa nada lo que están diciendo o que esté completamente aburrido.

Utilice siempre un lenguaje que resuene con su gente. Si está tratando con un grupo de becarios, evite utilizar una jerga demasiado técnica que no entiendan o con la que no se identifiquen. Puede que se sientan identificados con una jerga ligeramente más desenfadada y milenaria. Del mismo modo, si se dirige a un grupo de altos directivos, puede que tenga que recurrir a un lenguaje más técnico y profesional que resuene con ellos.

La jerga técnica innecesaria puede complicar o confundir a la gente. Es posible que no pueda impartir la información con eficacia o transmitir sus ideas de manera impactante. Utilice un lenguaje que provoque un mayor compromiso y debate. El objetivo principal de la comunicación debe ser comunicar su punto de vista de forma convincente, no pasar por listo.

Utilice la técnica del sándwich

La técnica del sándwich no puede calificarse realmente como una técnica altamente manipuladora. Sin embargo, es eficaz porque le ayuda a conseguir que la otra persona haga lo que usted quiere utilizando la carta de la diplomacia. Se trata de uno de los métodos más poderosos cuando se trata de comunicar algo complicado y potencialmente ofensivo a su pareja. El método consiste en intercalar una afirmación potencialmente negativa u ofensiva entre un par de afirmaciones positivas.

Por ejemplo: "Escucha, Bridget, te adoro mucho y me haces realmente feliz. Sin embargo, me resulta difícil que trabajes las veinticuatro horas del día. Si redujeras tu trabajo y pudiéramos pasar un buen rato juntos, sería muy feliz. Me siento tan bien cuando estoy contigo". ¿Ve lo que hemos hecho? Hemos utilizado una acusación potencialmente conflictiva (no pasas suficiente tiempo conmigo por culpa de tu trabajo) entre dos afirmaciones que suenan dulcemente y que garantizan que se derrita el corazón de su pareja.

No lance una bomba a su pareja lanzando acusaciones de la nada. Utilice siempre señales o indicadores para avisar de algo, de modo que la persona esté preparada para ello y no se vea sorprendida. Si tiene una preocupación genuina que quiere que escuche, empiece la conversación con algo como: "Quiero quitarme esto de encima" o "Me vendría bien que me aseguraran que...". De este modo, su interlocutor se da cuenta de que no le está acusando realmente, sino que sólo necesita que le tranquilicen y le escuchen.

Practicar la escucha activa

De nuevo, la comunicación consiste tanto o más en escuchar que en hablar. Se trata de permitir que su otra mitad sepa que está 100% atento e interesado en lo que está hablando.

Puede ser en forma de varias pistas verbales y no verbales, como el contacto visual, el reconocimiento de lo que están diciendo, el parafraseo de lo que han dicho (para demostrar que ha estado escuchando con atención y quiere entenderlo correctamente) y mucho más. No mire el teléfono o el periódico mientras su interlocutor está hablando. Hágale saber que tiene toda su atención.

Resista el impulso de interrumpir a su interlocutor mientras habla. Manténgase centrado, interesado y atento. Conocí a un amigo que solía interrumpir para dar consejos a su mujer cada vez que ésta exponía sus quejas en el trabajo. Muchos hombres lo hacen, y en realidad no es culpa suya.

Simplemente están conectados para arreglar todo desde los tiempos primitivos. Una mujer puede querer simplemente hablar con su corazón para sentirse más ligera. Puede que no busque necesariamente consejos, orientación o sugerencias. Sin embargo, el hombre se cree su caballero de brillante armadura y empieza a ofrecerle soluciones inmediatas. Esto también puede ocurrir a veces con las mujeres. Resiste el impulso de ofrecer soluciones y céntrese en escuchar a su pareja.

Cuando terminen de hablar, podrá averiguar si están pidiendo consejo. No se precipite a dar su opinión cuando todavía estén hablando. Deje que terminen antes de dar un consejo.

Mire a su pareja mientras habla y responda de vez en cuando con un movimiento de cabeza o con pistas verbales como "u-huh", "ya veo" y "hmm". Haga un tiempo de conversación diario reservado sólo para usted y su pareja. Puede ser durante el desayuno o la cena o justo antes de irse a la cama. Respete la necesidad de la otra persona de hablar o incluso de permanecer en silencio. A veces, la persona puede no querer hablar, lo cual también está bien. Puede entablar una conversación cuando se sienta más preparada o con más energía para ello.

Aunque no esté de acuerdo con lo que dice, aguante un rato. Haga que la comunicación honesta y abierta sea su principal objetivo para conseguir una relación más gratificante y satisfactoria.

Preste atención al mensaje general

Reflexione sobre el mensaje que su pareja ha transmitido a través de sus palabras, en lugar de limitarse a captar algunas palabras aquí y allá. Compruebe con ellos si realmente entiende sus sentimientos. Puede comprobarlo de la siguiente forma: "Cariño, lo que entiendo de lo que dices es" o "Si lo he entendido bien, creo que te sientes....".

Esto le dice a su pareja que le importa lo que dice y que está atento a su mensaje. Está muy interesado en asegurarse de que le entiende correctamente y de que no hay margen para malentendidos o falta de comunicación. De nuevo, esto le ayuda a empatizar con la perspectiva de la otra persona.

Por mucho que lo deteste, conocer e interactuar con extraños es una parte integral e ineludible de su vida. En nuestro día a día nos cruzamos con personas que no conocemos de nada. La buena noticia es que existen algunos trucos inteligentes para caerle bien a los desconocidos.

Estos son mis consejos favoritos cuando se trata de influenciar y manipular a extraños.

Utilizar su nombre varias veces

Los desconocidos no esperan realmente que utilice sus nombres en cuanto se presentan a usted o se los presenta una tercera persona. Además, la gente está predispuesta a adorar el dulce sonido de sus nombres (el narcisismo se paga). Una vez que conozca el nombre de alguien, utilícelo unas cuantas veces durante la conversación de forma natural.

No exagere o parecerá falso. Siempre me doy cuenta de que cuando me dirijo a los representantes del servicio de atención al cliente con sus nombres unas cuantas veces durante la llamada, se muestran aún más dispuestos a ayudar. La persona invariablemente siente una sensación de conexión o amistad hacia usted. Las gélidas vibraciones de ser extraños se descongelan un poco y él/ella se vuelve más familiar cuando se dirige a usted por su nombre.

Además, cuando repite el nombre de una persona más de una vez, las posibilidades de recordarlo aumentan. Esto puede ahorrarle la vergüenza de olvidar nombres (y enterrar definitivamente sus posibilidades de caerle bien a la persona).

Sonreír y mantener el contacto visual

Esta es una obviedad, sin lugar a dudas. La sonrisa es una expresión universal de vinculación o apertura a alguien. Ofrece a los desconocidos una sonrisa genuina y cálida para aumentar la sensación de familiaridad. Le hace parecer más accesible, amigable y simpático. Además, establece un tono más positivo para futuras interacciones. El pequeño acto de sonreír hace que el cerebro libere hormonas químicas que le hacen sentir más feliz como persona. De este modo, entrará en una interacción sintiéndose más amable, más feliz y positivo, lo que invariablemente le hace más simpático.

El contacto visual es una expresión universal o una señal de confianza, transparencia, honestidad y autenticidad. Más del 50 por ciento de nuestra comunicación se produce visualmente. Por eso, mirar a los ojos de una persona le da un impulso de familiaridad inmediato. ¿Quiere dar la impresión de estar seguro de sí mismo sin rayar en lo espeluznante? Mantenga una proporción saludable de 60:40.

Utilizar la inclinación de la cabeza

El título de la cabeza es una magnífica forma no verbal de comunicar su interés por un desconocido o de caerle bien a un desconocido. Basta con inclinar la cabeza hacia un lado u otro. Esto comunica subconscientemente a la otra persona que no es una amenaza para ella porque está exponiendo su arteria carótida. Es la arteria principal que suministra sangre al cerebro, y cualquier daño a esta arteria puede conducir a la muerte instantánea o a un daño cerebral permanente. Al exponer esta región de su cuerpo, está indicando al desconocido que ni él es una amenaza para usted ni viceversa. De forma no verbal, está sentando las bases para una relación no amenazante.

Utilizar declaraciones empáticas

Las afirmaciones empáticas ayudan a mantener el foco de atención en la otra persona, lo que hace que usted resulte más simpático. En general, a las personas les gusta que la atención se centre en ellas mismas y no en los demás. Se sienten muy bien cuando son el centro de atención. No repitas sus afirmaciones, ya que puede parecer paternalista o condescendiente. Reformule lo que han dicho manteniendo el foco en ellos. La fórmula estándar para crear declaraciones empáticas debería ser: "Así que, lo que sientes o estás diciendo es ....."

Esto los convierte inmediatamente en el centro de la conversación. Algo así como: "Entiendo cómo te sientes". La idea es que la otra persona sea siempre el centro de la conversación. Esta fórmula básica rara vez falla cuando se trata de caer bien a los desconocidos.

Pedir favores

Sé que esto parece divertido e incluso contraintuitivo. Es decir, si le pide un favor a alguien y lo cumple, le caerá bien, ¿verdad? Sin embargo, Ben Franklin se dio cuenta de que cada vez que pedía un favor a sus compañeros de trabajo, les caía mejor que cuando no pedía favores. Esto también puede funcionar con los desconocidos cuando se trata de romper el hielo y abrir a la gente hacia usted. "Oh, tú trabajas para la empresa XYZ, y me gustaría que me dieras los datos de contacto del director de marketing para una asociación de marcas o un acuerdo. Sería muy amable si pudieras ayudarme con sus datos de contacto".

Cuando alguien hace un favor, se siente muy bien consigo mismo, y si le pide un favor a una persona le está ayudando a sentirse maravillosamente bien. Esto contribuye en gran medida a aumentar su cociente de simpatía. Hace que la persona que hace el favor sea más grande o foco de atención, lo que la hace sentir bien. Sin embargo, no exagere a la hora de pedir favores a la gente sólo para caerles mejor. Pedir demasiados favores hará que la gente corra en dirección contraria. Así, está manipulando a una persona para que desarrolle sentimientos positivos hacia usted al pedirle favores.

Mantenga su lenguaje corporal abierto y accesible

¿Sabía que los desconocidos se forman una impresión sobre usted en los primeros cuatro segundos de haberle visto o conocido? Los primeros cuatro segundos son cruciales a la hora de formarse una impresión de los desconocidos. Esto significa que la persona se formará una opinión sobre usted incluso antes de que usted diga nada. En estos casos, la responsabilidad recae en sus señales no verbales o en su lenguaje corporal. Mantenga su lenguaje corporal relajado y abierto.

Por supuesto, las acciones hablan más que las palabras. Funcionan a un nivel muy subconsciente y primordial. Mantenga sus gestos, postura, expresiones, movimientos de piernas, etc. más accesibles. Esto puede ayudar a determinar a nivel subconsciente si los desconocidos le ven como una persona abierta y receptiva. Su lenguaje corporal determinará si le gusta a una persona o no, independientemente de lo que diga.

Mantenga las palmas de las manos y los brazos abiertos si quiere parecer una persona más accesible y receptiva. Las piernas deben estar más abiertas y el torso y la cabeza deben apuntar en dirección a la persona con la que se está comunicando. Se añaden puntos por mantener el contacto visual. La gesticulación consiste en utilizar las manos para añadir más significado o expresión a su mensaje verbal. Por ejemplo, señalar con el dedo para enfatizar una palabra o frase.

Esto le hace más simpático a los desconocidos, ya que da la impresión de ser alguien con mucha energía, expresión y entusiasmo. Se percibe como una persona más expresiva, animada y elocuente. La gente responde más positivamente a las personas que son animadas en sus gestos.

Ofrezca cumplidos sinceros y específicos

Uno de mis consejos para romper el hielo con los desconocidos es hacerles un cumplido genuino y específico. Puede ser un cumplido pequeño, casual y específico que les alegre el día. Yo iría un paso más allá y les preguntaría dónde han comprado esas cosas. Es una forma increíble de abrir otras vías de conversación. Por ejemplo, puede preguntar a un desconocido o a una persona que le acaban de presentar de dónde ha sacado su precioso bolso o cartera.

A esto, pueden responder que lo compraron en Londres mientras estaban de vacaciones allí. Bingo! Esto le da la oportunidad de hablar de sus vacaciones en Inglaterra. De este modo, provocará un recuerdo feliz, lo que hace que les guste. ¿A quién no le gustan los cumplidos sinceros? Un consejo profesional a la hora de hacer cumplidos es que sean específicos para que suenen auténticos.

En lugar de decirle a alguien lo maravilloso que es su traje, puede decir que el corte le queda magnífico o que le encanta cómo le queda el atuendo. Del mismo modo, en lugar de decirle a alguien que es un buen orador, escoja trozos de la conversación que realmente le hayan gustado. Otro favorito es, en lugar de decir "eres preciosa" o "tienes unos ojos preciosos", decir algo como "el color de tus ojos es precioso" o "tienes unos ojos muy conmovedores". Empieza con una sonrisa cálida, mantén el contacto visual y luego elogia sus ojos. Funciona de maravilla.

Aplauda el humor que han utilizado en el discurso o su potente vocabulario. Hacer el cumplido de forma específica le hace parecer más genuino que un simple halago. Los elogios son una forma estupenda de ganarse la simpatía de los desconocidos.

Hacer reír a la gente

De todos los consejos de comunicación que doy a la gente, éste probablemente encabeza la lista cuando se trata de romper el hielo con desconocidos. La gente le adorará si les hace reír. No es ningún secreto que los vendedores que hacen reír a sus clientes potenciales obtienen altas cifras de ventas o los representantes de atención al cliente que hacen reír a los clientes obtienen altas puntuaciones de satisfacción.

Asegúrese de no hacer chistes ofensivos ni recurrir al humor relacionado con temas delicados como la religión, el racismo, etc. Mantenga la limpieza, la inteligencia, la sencillez y la salud. La gente suele estar estresada, agotada y aburrida de su rutina diaria. Cuando recurre al humor, les aligera el día haciéndoles reír. Les da un respiro de una existencia mundana, lo que le hace entrañable para ellos. Si le dicen que tienen un día difícil o que han llegado tarde al trabajo, dele un toque más desenfadado. Esto transformará su estado de ánimo hosco y les hará más receptivos a una conversación.

Algunas de mis personas favoritas en el mundo son las que me hacen reír, y no es muy diferente para la mayoría de la gente.

Evite enfadarse

Había un niño pequeño con bastante mal genio. Su padre le dio una bolsa de clavos y le pidió que clavara un clavo en la valla cada vez que el niño perdiera la calma. El primer día, el niño clavó 37 clavos en la valla. Poco a poco, el número de clavos perforados en la valla se fue reduciendo. El chico descubrió que era más fácil contener su ira que pasar por todo el proceso de clavar clavos en la valla.

Un día, el niño no perdió los nervios ni una sola vez. Fue y se lo contó a su padre con orgullo. El padre le pidió entonces que le quitara una uña por cada día que lograra controlar su temperamento. Pasaron varios días y todos los clavos habían desaparecido. El padre le cogió de la mano y le llevó a la valla. Le dijo: "Lo has hecho bien, hijo. Sin embargo, mira los agujeros que han quedado. La valla nunca volverá a ser la misma. Cuando se dicen cosas con rabia, se dejan cicatrices permanentes. No importa cuántas veces sientas o digas que lo sientes, la herida es para siempre".

No vale la pena ser un Adolf Hitler moderno. Las reprimendas duras pueden hacer que la gente actúe por miedo a corto plazo. Sin embargo, será menos eficaz a largo plazo, debido a la reducción de la moral del equipo, la baja motivación y la inexistencia de un propósito superior para lograr el objetivo. Sea paciente y tolerante con las debilidades de las personas. En lugar de enfadarse, vea cómo puede ayudarles a superar esos defectos para aumentar la productividad.

Me viene a la mente la famosa cita maquiavélica "Y aquí viene la cuestión de si es mejor ser amado que temido o temido que amado". Aunque lo ideal es un equilibrio entre ambas cosas, el amor puede ayudar a ganar una lealtad feroz, compañerismo y fe. Hace que los seguidores estén intrínsecamente motivados para dar lo mejor de sí mismos y evitar defraudar a su influenciador. Esto puede ser mucho más potente que las recompensas físicas o las reprimendas.

Puede que creas que el miedo es más potente y estable a la hora de realizar las tareas. Sin embargo, también puede conducir a la corrupción y a medios poco escrupulosos en los que las personas tratan de torcer el sistema para evitar la reprimenda. En lugar de actuar con un sentido de lealtad interna, simplemente hacen cosas para evitar el castigo o la ira de su persona de influencia, lo que puede llevarles a utilizar medios poco éticos.

Por ejemplo, Adolf Hitler. Era alguien que no dirigía más que por el miedo. Ascendió al poder rápidamente inculcando una sensación de miedo a sus seguidores. La gente no tenía más remedio que obedecer. ¿Cuáles fueron los resultados? Devastadores, por decir lo menos.

Consolar a la gente cuando comete errores y generar confianza

Sé siempre una fuente de consuelo para las personas cuando quieras que realicen una acción o piensen de una manera determinada. Las personas deben poder sentirse seguras y reconfortadas en las horas más sombrías. No sea una fuente de depresión, negatividad, miseria y desánimo de sus seguidores. ¿Cómo afrontas las situaciones en las que su cónyuge, sus empleados, sus hijos y otras personas cercanas le decepcionan? ¿Reacciona inmediatamente y causa aún más daño a la situación ya volátil? Puede que esa no sea la mejor manera de afrontar la situación.

Consolar a las personas cuando se equivocan o le decepcionan ayuda a que se arrepientan del error en lugar de ponerse a la defensiva. Si se lanza a la ofensiva, prepárese para aceptar un camión de excusas y defensas. En lugar de culpar a las personas o acusarlas, intente ganarse su confianza haciéndoles entrar en razón. Los manipuladores saben cómo perdonar a la gente o pasar por alto sus faltas y, posteriormente, utilizar este perdón como palanca para generar confianza y conseguir que la otra persona realice la acción deseada o piense de una determinada manera.

Veamos un ejemplo. Un empleado por lo demás brillante, Rick, ha sido bastante decepcionante en su último proyecto. En lugar de menospreciarle por su dejadez, intente reconfortarle para que entienda qué es lo que realmente le ha llevado a esta inverosímil situación. Pregúntale a

Rick si hay algo que puedas hacer para ayudarle. Intente averiguar si algo ha cambiado en los últimos días o si su moral está baja.

Acusar y reprender a la gente puede no llevarte muy lejos. Puede que no llegues a la raíz del problema. El miedo no fomenta las conversaciones constructivas. Supongamos que Rick ha hecho un nuevo grupo de amigos, que beben en el bar local hasta altas horas de la noche todos los días, lo que le ha llevado a no poder dedicar suficiente tiempo al trabajo. Es posible que no lo comparta con usted si considera que su enfoque es condescendiente y crítico. Una vez identificado el problema, podrían trabajar juntos para resolverlo. Sin embargo, para concretar el problema, tiene que ser una persona accesible, que le dé seguridad y le reconforte.

Descarte los rencores y sea positivo

Como manipulador o influenciador, es fundamental marcar el ritmo de una cultura organizativa más inclusiva que se nutra del progreso, la positividad y el perdón por encima de las mordidas, la venganza y las palabras sueltas que pueden obstaculizar la productividad. Dado que los influenciadores operan en el punto focal de las relaciones humanas, cada uno de sus movimientos debe estar dirigido a dar un ejemplo de generosidad y perdón.

Reflexione y recuérdese a sí mismo que guardar rencor o malos sentimientos contra la gente genera negatividad en su interior y ayuda inconscientemente a la otra persona a detectarla. Absorbe su energía y puede conducir a acciones irracionales o negativas. Le quita el foco a los objetivos productivos. Póngase en el lugar de otra persona. Imagínese en su lugar para intentar comprender qué le llevó a comportarse de esa manera sin juzgar duramente sus acciones. No es necesario que respalde o esté de acuerdo con sus acciones. Intente ver de dónde vienen. Una vez que les muestre una comprensión inesperada, se sentirán en deuda con usted. Esto puede ser aprovechado más tarde para conseguir que realicen la acción deseada.

En lugar de guardar rencor y buscar venganza, hable con la persona honestamente sobre cómo se sintió y acabe con ello. Se sentirá mejor y menos propenso a albergar rencores después de expresarse. Perdonar y olvidar el acto necesita un cierre. No se dirija a las personas con rabia, y al mismo tiempo libérese de guardar cualquier tipo de rencor hacia ellas. Además, no sirve de nada hablar a la gente en la cara y guardar rencor contra ellos en su interior. Deshágase de todos los malos sentimientos interna y externamente. Muestre compasión, hable con dulzura, intente comprender qué ha llevado a las personas a comportarse como lo han hecho y perdónelas por dentro.

Una de las mejores estrategias para descartar los rencores es llegar a algún tipo de entendimiento con una persona o grupo de personas. Consiga una garantía clara de que las personas no repetirán sus acciones. Esto le ayudará gradualmente a restablecer la confianza y a eliminar los rencores.

El perdón no le hace menos influyente. No implica que no esté operando desde una posición de poder o renunciando a su papel dominante. Simplemente significa que es lo suficientemente sabio como para dejar de lado las emociones negativas y centrarse en la positividad para aumentar la productividad de la organización.

Ser positivo es el grupo sanguíneo de todos los influencers. Hablando más en serio, todo el mundo tiene algunas características positivas y negativas. Si ha encontrado el ser perfecto, probablemente exista en otro planeta. Los grandes influenciadores, persuasores y manipuladores conocen el valor de cultivar una cultura que fomente los errores de los empleados como forma de aprendizaje y crecimiento. Aunque esto suena abiertamente optimista, a la larga conduce a menos errores. Todos los fracasos pueden incluir algún tipo de aprendizaje.

En lugar de centrarse en los puntos débiles de sus empleados, intente destacar sus puntos fuertes incluso cuando se refiera a sus errores. Esto da un poderoso giro positivo al proceso de evaluación de su acción. Veamos un ejemplo. Una empleada, Ann, carece de habilidades de gestión del tiempo, por lo que se ha saltado un par de plazos. Sin embargo, es muy buena investigadora.

Empieza diciéndole lo maravillosamente bien investigado que está el proyecto y el mayor aprecio que era capaz de obtener si se hubiera entregado a tiempo. Esto no hace que los miembros de su equipo se sientan devaluados o desmotivados. Estarán más motivados y decididos a aprender de su error en el futuro. El mero hecho de resaltar los aspectos negativos hace que la moral del empleado caiga en picado.

Un consejo sólido para ganarse la lealtad y la fidelidad de la gente es ser bueno con ellos cuando menos lo esperan. La gente asume automáticamente reacciones duras de los influencers cuando cometen errores. Sin embargo, si los trata con amabilidad y compasión, resaltando sus aspectos positivos, sólo estará reforzando su moral para no repetir el error.

Critique o amoneste el error, no a la persona. Un influencer maduro no recurre a los insultos ni a los ataques personales. La gente se frustra y se desmoraliza cuando se le critica en lugar de señalar sus actos. Esto genera resentimiento y rebelión en los seguidores. La gente no se sentirá muy cómoda discutiendo abiertamente con un influencer que recurre a criticar sus actos. Cuando la gente comete errores, ya se siente miserable por ello. Cuando les perdonas por ello, siempre recordarán el favor. Esto le da una base sólida para conseguir que hagan lo que usted quiere más adelante.

Hablar con dureza es como echar sal en las heridas existentes. No digas algo como "eres un trabajador terrible". En su lugar, intente decir "lo que hiciste no fue lo mejor. En su lugar, podrías haber hecho esto". De este modo, sigue señalando el error sin parecer personalmente ofensivo. Además, cuando se produzcan errores y surjan problemas a causa de ellos, deshágase del juego de la culpa. Forme parte de la solución en lugar de hacer que la gente se sienta fatal por sus errores. Un influenciador eficaz pasa del problema y utiliza un enfoque orientado a la solución. Céntrese en cómo remediar la situación problemática.

Capítulo 5: Cómo abordar la manipulación en las relaciones

La manipulación emocional o estar en una relación manipuladora es una de las cosas más desafortunadas que una persona puede experimentar. No sólo destruye su sentido de la autoestima, sino que también le impide disfrutar de relaciones satisfactorias y gratificantes en el futuro. La manipulación va en contra del espíritu de una relación sana, feliz, positiva e inspiradora.

Si bien todos manipulamos de una u otra manera a nuestros seres queridos, la manipulación se vuelve siniestra cuando golpea las emociones o el sentido de autoestima de una persona para cumplir con una agenda egoísta. He aquí algunos tratos eficaces para haccr frcntc a la manipulación en las relaciones.

1. Observe atentamente sus sentimientos después de cada interacción. ¿La mayoría de las conversaciones o interacciones con su pareja le hacen sentir confuso, indigno

o invadido por la duda? Si hace una comprobación rutinaria de sus sentimientos, podrá identificar una causa clara.

Por ejemplo, si se da cuenta de que siempre se siente culpable después de una conversación con su pareja. Rebobine la conversación y repase lo que ha dicho su pareja después de cada interacción. ¿Cómo empezó? ¿Cuáles son las palabras y frases típicas que utiliza al hablar? ¿Existe un patrón en lo que dicen y en cómo le hacen sentir?

Sería aún mejor si pudiera anotar sus sentimientos para identificar fácilmente el patrón emergente.

Dígase que el problema son ellos y no usted. Recuerde que sólo le están engañando para que piense que es su culpa o que no es lo suficientemente bueno. Lo más probable es que el manipulador esté lidiando con graves problemas propios, que es incapaz de manejar con eficacia. Esto es sólo para ayudarle a establecer un contexto para sus actos, no para que sienta simpatía por ellos. Tenga en cuenta que los manipuladores rara vez merecen compasión.

2. Evalúe su relación de forma objetiva. Si no puede determinar si realmente está en una relación manipuladora o si la persona lo es, obtenga una revisión de la realidad hablando con amigos o personas de confianza.

Pídales una evaluación objetiva de su relación con franqueza. ¿Creen que su pareja tiene expectativas poco razonables de usted? ¿Creen que su pareja se está aprovechando de usted? ¿Creen que está siendo emocionalmente vulnerable?

A veces, al hablar con una tercera persona, obtenemos una perspectiva que no habíamos considerado antes. Probablemente le dará una nueva forma de ver las cosas, lo que le permitirá actuar inmediatamente si le están manipulando.

3. Enfréntese al manipulador. Considere varios ángulos antes de ir a por todas y enfrentarse a su manipulador. Lo más probable es que no admita sus actos de manipulación, sobre todo si pareces inseguro y nervioso.

En lugar de hacer afirmaciones generales sobre cómo "te han estado utilizando" o "se han aprovechado de ti", vaya al grano. ¿Cómo le hace sentir una acción o unas palabras concretas? Enumere los casos concretos en los que ha sentido que se han aprovechado de usted. A continuación, haga una petición positiva y amable, pero asertiva, para que enmienden su comportamiento.

Le está comunicando al manipulador que es consciente de sus trucos, lo que le hace ser más cauto a la hora de manipularle. En el mismo sentido, también le está dando la oportunidad de que se ponga las pilas. Para salir de una relación emocionalmente manipuladora se necesita un verdadero esfuerzo y compromiso por su parte. Tendrá que permanecer atento y desarrollar reservas ilimitadas de autoestima y positividad.

4. Golpee con fuerza en su centro de gravedad. Si nada más parece funcionar, golpea al manipulador con fuerza en su centro de gravedad. A menudo recurrirá a estrategias malvadas, como hacerse amigo de sus amigos y luego hablar mal de usted o tentarle con una recompensa y luego echarse atrás o no cumplir su compromiso.

Como conoce a la persona a la medida, golpéela donde más le duele. Su centro pueden ser sus amigos, sus seguidores o cualquier cosa que consideren integral para su existencia. Utilice este conocimiento para ganarles en su propio juego.

5. No se adapte a sus ideas. La clave para evitar que le manipulen es reinventarse y tener sus propias ideas sobre las cosas en lugar de suscribir las suyas. Los manipuladores le meterán sus ideas por la

garganta, ya que necesitan controlarle para promover su agenda. Tenga sus propios puntos de vista, ideas y opiniones claras sobre varios aspectos de su vida. Si le meten constantemente una idea determinada en la cabeza, es como consiguen encerrarle en una caja.

No intente encajar, céntrese en la reinvención. Trabaje duro para destacar entre los demás. Sea diferente, único y notable a su manera. El crecimiento personal y la construcción de su autoestima es la clave para luchar contra la manipulación.

6. No se comprometa. La culpa es una emoción poderosa que aprovechan los manipuladores. Utilizarán sus dudas y su culpabilidad en su beneficio. El objetivo es destruir su sentido del equilibrio e infundirle una sensación de incertidumbre. Esta incertidumbre acaba llevándole a comprometer sus valores, ideales y objetivos.

Evite sentirse culpable o comprometerse. No dude de sí mismo ni de sus capacidades. Aunque tenga una relación con una persona, no le debe nada si no le trata con respeto. Toda persona merece sentirse maravillosa y positiva consigo misma. Si una persona no le hace sentir bien consigo mismo o con sus logros, puede haber un problema. Cree firmemente en sus valores e ideales. No comprometa sus valores, creencias, objetivos e ideales. Recuerde que merece sentirse bien consigo mismo y con sus logros. Debe haber un fuerte sentimiento de autoestima, seguridad en sí mismo y confianza en lo que está haciendo.

Un manipulador se vuelve impotente ante una gran confianza en sí mismo. Empiezan a perder su influencia una vez que aprendes a operar con confianza y se niega a comprometerte con cualquier cosa que socave su autoestima o sus valores fundamentales.

7. No pidas permiso. Esto es como darle al manipulador el pase para que le manipule como quiera. El problema es que desde la infancia estamos condicionados a pedir permiso. Cuando somos bebés, pedimos permiso para comer y dormir. A lo largo de la escuela, pedimos permiso para ir al baño, comer el almuerzo o beber agua.

Una consecuencia directa de esto es que, incluso de mayores, no dejamos de pedir permiso a las personas cercanas. En lugar de informar a su pareja de que tiene previsto quedar con un amigo para comer, le preguntará inconscientemente si le parece bien que planee algo con su amigo. Al pedir permiso constante y habitualmente, sólo está dando el control de su vida a otra persona, especialmente si es del tipo más manipulador.

No se preocupe demasiado por ser educado o hacer sentir bien a los demás a costa de su propia comodidad y felicidad. Recuerde que tiene derecho a vivir su vida exactamente como quiera. La manipulación emocional consiste en hacerle sentir en deuda o esclavizado por alguna regla imaginaria que sólo existe en la mente del manipulador. Nunca querrán que se sienta autosuficiente y tome sus propias decisiones porque eso disminuye su poder sobre usted.

No es necesario someterse a sus dictados autoritarios ni consultarles antes de todo lo que hagas, a menos que les afecte de manera importante. Tuve un compañero de trabajo que pedía permiso a su novia incluso antes de ir a tomar un café o salir a comer. Era ridícula la forma en que ella lo trataba y trataba de controlar cada uno de sus movimientos. Como era de esperar, la relación terminó con una nota amarga.

Sin embargo, nadie puede hacerle sentir miserable sin su permiso. Y al pedir constantemente permiso, le está dando permiso a su pareja para que le haga sentir miserable, si es que eso tiene sentido. Puede hacer caso omiso de la obsesión del manipulador por confinarse en cualquier momento viviendo su vida como quiera, sin su interferencia o permiso.

8. Esté abierto a nuevas oportunidades. El manipulador quiere que pongas todos los huevos en su cesta para poder tirarla cuando le apetezca. No se encierre en ellas ni se ate a un compromiso con el que no se sienta cómodo. No se conforme ni acepte su vida actual. Si está en una relación muy manipuladora o abusiva emocional/físicamente, intente liberarse y explorar otras relaciones u oportunidades.

Los manipuladores en las relaciones suelen aprovecharse del hecho de que su pareja está "acostumbrada a ellos", "es adicta a ellos", "no puede prescindir de ellos" o "no puede conseguir a nadie mejor". A menudo permanecemos en relaciones abusivas porque creemos que no merecemos nada mejor o que no conseguiremos a nadie mejor. Existe un miedo a la soledad o una falsa sensación de estar en el capullo de una relación.

Libérese de esos patrones de pensamiento auto limitadores y poco saludables. Por supuesto, se merece algo mejor en la vida o encontrará a alguien que le trate con respeto y dignidad. Para mantenerse en su sitio, los manipuladores recurrirán a muchos insultos. Si expresa un deseo, le harán sentir que es arrogante, egoísta, orgulloso, frío e inhumano y muchas otras etiquetas poco caritativas.

Quieren que siga dependiendo de ellos. Al buscar nuevas oportunidades de trabajo, relaciones, aficiones, etc., sólo está debilitando su control sobre usted. Busque nuevas personas, haga nuevos amigos, únase a un club de aficiones, hágase voluntario en una ONG. Haga algo con propósito y significado que le dé la oportunidad de conocer gente nueva y vivir una vida más intencional. Sólo así podrá empezar a ser autosuficiente e independiente.

9. No sea un bebé. Si le engañan una o dos veces, es vulnerable, pero si deja constantemente que la gente le pase por encima sin aprender la lección, es un auténtico bobo. Deje de permitir que los manipuladores se aprovechen de su credulidad. Desarrolle la autoconciencia sobre los manipuladores y conozca cómo operan. Tenga suficiente autoestima para rechazar a los manipuladores.

Conozco a muchas personas que van dormidas por la vida, permiten que la gente se aproveche de ellas y luego culpan a los demás de su situación. No puede ir por ahí ajeno a los manipuladores que intentan utilizarle para cumplir sus planes. En lugar de culpar al mal que le rodea, sea inteligente y tome el control de su vida. Sí, la desafortunada verdad de la vida es que las personas negativas y manipuladoras existen. Se aprovechan de las personas para llevar a cabo sus planes.

Sin embargo, esto no debería ser su billete para cometer los mismos errores una y otra vez y llorar. Los manipuladores no pueden manipular sin el permiso de sus víctimas. Acepte la responsabilidad de sus éxitos y fracasos. Si le superan en inteligencia o estrategia, no es culpa de nadie. Aprenda de los errores del pasado. Esté atento a un patrón que pueda revelar sus propias vulnerabilidades. No sigas confiando en las personas equivocadas una y otra vez.

Del mismo modo, no sigas dando múltiples oportunidades a una persona crónicamente manipuladora. Libérese de ellos. Elimine a los manipuladores de su vida. Comprométase a rodearse de personas positivas, alentadoras y afines que no se aprovechen de usted.

Recuerde que tiene el control total de su vida. Apueste por sí mismo y no por otras personas. Si apuesta por otras personas o confía excesivamente en otras personas para su felicidad, se hace más vulnerable a la manipulación.

De nuevo, las víctimas de la manipulación no tienen mucha confianza en sus juicios. Aprenda a confiar en sus juicios e instintos. Usted sabe lo que es bueno para sí mucho mejor que nadie. No vaya por ahí preguntando a la gente cosas como "¿en qué soy bueno?", "a qué me dedico", "quién es el verdadero yo", etc. Simplemente está abriendo las puertas de la manipulación. No vaya por ahí demostrando su falta de conocimiento sobre sí mismo.

De nuevo, conozco a mucha gente que va por ahí buscando la validación constante de los demás. Miran a los demás para que los definan. Estas personas ni siquiera se compran un pantalón si no lo aprueban los demás. ¿Por qué deberían definirle los demás?

Defínase y confíe en su criterio. Los ganadores no son personas que tienen una capacidad más evolucionada para escuchar a los demás. Son los que han desarrollado la capacidad de sintonizar con sus creencias y juicios. No dependen de la validación o aprobación externa de sus creencias. Una confianza establecida en sus creencias y juicios hace que los manipuladores no tengan poder. Cuando no busca la validación de los demás, ellos no tienen el control de cómo le hacen pensar y sentir. Empiece a confiar en su instinto y en su juicio.

10. Manipuladores dependientes. Esto es un poco opuesto a la imagen estereotipada de un manipulador, pero existen. Al contrario que la mayoría de los manipuladores, un manipulador dependiente le hará sentir constantemente que no tiene poder y que depende completamente de sí. Le conceden la posición más alta en una relación hasta tal punto que se siente emocionalmente agotado mientras trata con ellos.

La manera de manejar este tipo de manipulación es hacer que tomen decisiones gradualmente. Hágales ver que son tan responsables de su bienestar como usted. Póngalos conscientemente en posiciones en las que se vean obligados a tomar una decisión. Hábleles de que su falta de responsabilidad en la toma de decisiones es estresante para usted. Con el tiempo, puede que les guste asumir la responsabilidad.

Capítulo 6: La manipulación de la opinión pública como orador

Si hay algo que distingue a los influencers del común de los mortales, siendo todo lo demás igual (talento, conocimientos, habilidades), es la forma de hablar de los influencers. El lenguaje de los influencers no es un lenguaje mágico. Sin embargo, es un lenguaje cotidiano hablado con eficacia. Los influencers conocen los secretos de la comunicación de impacto y, por lo tanto, son capaces de atraer a una mayor audiencia. Si ha pasado algún tiempo estudiando a los influencers, se dará cuenta de que hay algo que los diferencia de los empleados típicos. Exudan un aura de confianza, un magnetismo indiscutible y claridad a la hora de comunicar su mensaje. Su presencia vocal es suficiente para inspirar y animar a las multitudes.

Desde Benjamin Franklin hasta Bill Clinton, los buenos influenciadores son comunicadores excepcionales que han dominado el fino arte de influir en su audiencia a través de su voz y sus palabras.

Entienden que su carisma reside en hablar de una manera que inspire a la gente a escucharles. Entonces, ¿qué es el "lenguaje de los influencers"), se preguntará. He aquí algunos consejos de eficacia probada que pueden hacer que hable como tal.

1. Deshágase de esos embragues verbales

A menudo, cuando se dirige a un grupo de personas, la gente expone puntos fabulosos, pero lo arruina todo en un instante o disminuye el impacto/eficacia de sus puntos al incluir frases desechables que no contribuyen a dar más fuerza al mensaje. Por ejemplo, la gente suele terminar las frases con "y otras cosas", "etcétera" y "ya sabes, cosas así". No son más que deslices lingüísticos aletargados que se producen cuando no se sabe cómo terminar una frase/argumento con una postura verbal de impacto.

Estas muletillas verbales son más prominentes cuando se hace una pausa al dirigirse a un grupo o al pronunciar un discurso/presentación. Los sonidos ininteligibles como "er", "um" y "aa" pueden resultar enormemente incómodos e ineficaces. También lo son los gestos de lamerse los labios, los movimientos dramáticos de las manos y la tos constante. Todo esto distrae a los oyentes y afecta gravemente a la credibilidad del orador. El problema principal es que muy pocos nos damos cuenta de que hay un problema.

Una de las mejores maneras de abordar esta cuestión es utilizar una aplicación de teléfono y grabarse a sí mismo hablando de un tema al azar extemporáneamente durante un par de minutos. Después, vuelva a la grabación y anote el número de veces que ha utilizado muletillas verbales. Esta sencilla técnica le ayudará a ser más consciente de sí mismo mientras hablas.

Una buena narración y un lenguaje eficaz implican el uso de palabras definitivas pronunciadas con garbo y humildad. Absténgase de utilizar términos como "como" y "más o menos". No sólo es débil e ineficaz, sino que resulta francamente chocante para el público.

2. Utilice los superlativos con moderación

Cuando se suelta "asombroso", "fantástico", "épico", "increíble" y cosas por el estilo a cada momento, se empieza a perder el sentido. El exceso de énfasis en los superlativos desvanece su verdadero significado. Cada vez que una persona influyente o un modelo de conducta asigna lo extraordinario a cosas comunes, contribuye a que suene repetitivo, lo que hace que lo realmente excepcional no destaque.

Así que cada vez que tenga la tentación de decir que la presentación de alguien ha sido increíble o que el proyecto se ha llevado a cabo de forma "increíble", tómese unos minutos para reflexionar sobre su elección de adjetivos. Hable de cómo el proyecto estaba bien investigado, era completo y estaba lleno de datos raros. Los elogios o descripciones genéricas no sirven para inspirar a la gente ni para que le escuchen. "Esto es muy detallado y articulado" puede ser más eficaz que "buen trabajo" para levantar el ánimo de la gente, al tiempo que le hace parecer como un comunicador eficaz.

3. Resistirse a retroceder

No intente equivocarse cuando hable de temas cruciales o difíciles. Es comprensible que hablar de cosas no tan agradables requiera una gran valentía verbal y personal, sin embargo, no tiene sentido dar rodeos cuando hay que transmitir asuntos importantes al equipo.

Resista el impulso de utilizar un lenguaje perezoso, ya que el uso de un lenguaje claro y conciso sólo aumentará su valor y le ayudará a conectar/internar lo que realmente hay que decir, por muy desagradable que parezca.

Utilice frases concretas y correctas para describir la situación. Aclare su postura si es necesario. Como influencer, tendrá que aprender a llamar a las cosas por su nombre. Practique su discurso frente al espejo si se pone nervioso antes de una presentación o discurso importante. Se dará cuenta de sus gestos, expresiones, lenguaje corporal y, básicamente, sabrá con exactitud la eficacia con la que se presenta ante el público para hacer los cambios necesarios.

4. Simplificar la narración

Utilice la antigua narrativa para estructurar su discurso: introducción, cuerpo y conclusión. Cuanto menos complicada sea la narración, más fácil será su comprensión. Sepa exactamente qué información debe incluir y qué debe eliminar para que sea breve pero impactante. A nadie le gusta escuchar a alguien que repite las mismas ideas. Al final, la idea pierde su impacto.

Como regla general, evita hablar de más de una diapositiva por minuto, y más de cuatro puntos por diapositiva. Si hay que cubrir más información mientras se dirige a un grupo, hable sólo de lo más destacado, mientras distribuyes folletos a su audiencia. Intente siempre abrir y cerrar la presentación con una diapositiva similar para mantener la uniformidad y una buena simetría. Utilice gráficos y vídeos para ayudar a su narración y contar una buena historia.

Además, preste mucha atención a su inflexión durante la narración. Demasiados aspirantes a influenciadores y personas influyentes hacen una inflexión hacia arriba hacia el final de la frase, lo que produce un efecto de canto muy molesto que le hace parecer ineficaz y tímido. La inflexión hacia abajo le hace parecer autoritario y seguro, lo que es vital cuando se trata de influir en la gente.

La charla con inflexión ascendente le hace aparecer como un individuo que carece de disciplina, confianza y atención. Deténgase ahora mismo si está haciendo esto.

Los cliff hangers son otro punto negativo para un influenciador carismático. Muchos presentadores alcanzan un crescendo brillante en sus charlas, pero lo echan a perder por no saber concluir de forma clara y decidida. Esto es especialmente cierto si está influenciando a la gente para que le compre. Hay que incluir una "llamada a la acción" definitiva o desencadenar a la gente en la dirección correcta terminando el discurso de forma persuasiva. Termine con el impacto necesario y deje unos segundos para que el público asimile sus comentarios o preguntas finales.

5. Pasar por alto las lagunas verbales

¿Cuántas veces ha observado que los presentadores interrumpen torpemente el ritmo de un discurso disculpándose por un lapsus que nadie ha notado? Está bien tropezar con algunos términos aquí y allá mientras se dirige a un público o a un grupo. A no ser que se trate de una gran metedura de pata con importantes ramificaciones, no es necesario detenerse a mitad de camino para pedir disculpas. Siga adelante como si no fuera gran cosa.

La mayoría de la gente no se da cuenta de estos deslices hasta que los menciona voluntariamente, lo que atrae la atención inútilmente y aleja el foco de su mensaje principal. No sólo se desconcierta a sí, sino que también despista al público.

6. Crear momentos memorables para la audiencia

La mayoría de los oradores creen erróneamente que la presentación o la charla gira en torno a ellos. Nada más lejos de la realidad. Para que su charla sea más impactante, haga que gire en torno a su público. Es más probable que le escuchen y se dejen influir cuando se den cuenta de que está centrado en ellos.

Reconozca o agradezca a un miembro del público, tal vez un incondicional que ha estado trabajando incansablemente para la organización y que se va a jubilar pronto. Celebre un logro reciente importante de un miembro del público. Cuanto más atraiga a su público al centro de atención reconociendo sus esfuerzos, mayores serán sus posibilidades de aumentar su propio poder de reconocimiento.

Capítulo 7: Manipulación con Small-Talk

Según los estudios, cuando se conoce a una persona por primera vez, ésta le juzga en los primeros 4 segundos de la interacción. Sí, es cierto. Deciden si les gusta o no a los 4 segundos de conocerle. ¿Asusta? ¿Cómo se conquista a personas que se acaban de conocer? También tengo una poción mágica para eso: se llama "small talk".

Aunque pueda parecer inútil, las conversaciones triviales son un excelente método para romper el hielo y eliminar elementos de incomodidad y malestar entre la gente. Le hace parecer una persona amable y simpática, además de ayudarle a desarrollar una buena relación con la gente y crear una primera impresión estelar. Las conversaciones triviales también sientan las bases de una relación gratificante. Cree un ambiente más positivo y beneficioso que pueda desencadenar conversaciones más amplias.

Cuando se trata de romper ese incómodo hielo inicial y de preparar el terreno para una relación significativa y fructífera, pocas cosas funcionan tan milagrosamente como una pequeña charla. Tanto si se trata de una reunión de negocios como de un club de citas, las conversaciones triviales tienen un gran efecto a la hora de manipular e influir en la gente, establecer relaciones y ser un persuasor carismático.

¿Se ha preguntado alguna vez cómo consiguen algunas personas que les compren las bebidas en el bar o que hagan amigos en hordas allá donde vayan? ¿Por qué las interacciones con algunas personas quedan grabadas en nuestra memoria para siempre mientras que de otras apenas nos acordamos? La respuesta es, bueno, la charla. He aquí 15 reglas para conquistar a la gente utilizando el poder de la charla trivial.

1. Limítese a los temas seguros

Cuando hable con personas que acaba de conocer, cíñase siempre a temas universales, inofensivos y no tóxicos (especialmente con gente de otra cultura, lugar, raza, religión, etc.). Los temas infalibles de la charla son el tiempo, el cine, la economía mundial, las noticias de última hora y la comida. Un consejo profesional sugerido por los psicólogos sociales es basar la conversación, en la medida de lo posible, en puntos comunes. Identifique los puntos en común entre usted y la otra persona y céntrese en esos temas.

Es fácil medir el nivel de comodidad de una persona sobre un tema concreto a través de su lenguaje corporal (a menos que lea un montón de libros de autoayuda como usted y haya aprendido a fingir). Si su reacción ante un tema concreto es positiva y entusiasta, siga con él. Preste siempre atención a las pistas no verbales cuando saque un nuevo tema de conversación. Los manipuladores saben exactamente cómo llevar a la otra persona a un estado de ánimo más positivo para conseguir que haga exactamente lo que ellos quieren. Una vez que la persona desarrolla una relación sólida contigo y se siente bien en su compañía, es más probable que haga lo que usted quiere.

2. Hacer preguntas abiertas

La regla de oro para atraer a las personas a una conversación o conseguir que compartan más en sus interacciones iniciales es hacer más preguntas abiertas. Los influencers e influenciadores entienden la importancia de hacer preguntas suaves y genuinas que revelen que están realmente interesados en saber más sobre la otra persona.

Una de las estrategias de manipulación más importantes a la hora de establecer una relación con desconocidos o de entablar una conversación es recopilar toda la información posible sobre ellos y aprovecharla para que realicen la acción prevista.

Por ejemplo, si acaba de enterarse de que la persona con la que está conversando forma parte de una ONG local, hágale preguntas abiertas relacionadas con ella. ¿Qué les inspiró a formar parte de la ONG? ¿Cuáles son las iniciativas en las que ha participado?

Aprenda a fijarse en lo que realmente apasiona a la gente y cree un flujo de conversación basado en la formulación de preguntas abiertas relacionadas con ese tema para aprender más sobre ellos. Si a alguien le apasiona de forma innata explorar diferentes lugares y culturas, pregúntele por sus últimas vacaciones. Aléjese de los temas controvertidos y personales. La persona le aceptará rápidamente si parece genuinamente interesado en saber más sobre sus intereses.

3. No se pase con el humor

A veces, la gente está tan dispuesta a causar una buena impresión haciéndose pasar por ingeniosa y graciosa que acaba por molestar a la gente, especialmente a aquellos cuyos gustos no conoces.

Para evitar que el humor sea contraproducente, no se pase de la raya con las burlas, los comentarios sarcásticos o el humor irónico. Puede que a usted le parezca divertido, pero la otra persona puede no apreciarlo. Incluso los comentarios aparentemente inofensivos transmiten una impresión equivocada sobre usted. Los chistes/comentarios neutrales e inteligentes están bien hasta cierto punto, pero no los haga personales.

Evite tratar de parecer demasiado inteligente o familiar burlándose de la gente sin entender si son capaces de tomarlo con el espíritu correcto. Tómate el tiempo necesario para conocer y entender bien a la gente sin actuar de forma familiar y extra-amigable.

4. Desacuerdo amistoso

Para evitar que la conversación inicial resulte polémica, exprese su desacuerdo sin diplomacia. En lugar de lanzarse a un ataque enconado o a un insulto a la defensiva (algo que está absolutamente prohibido), intente un enfoque más políticamente correcto (pero genuino).

Diga algo genuino y no controvertido como: "Es una perspectiva interesante y diferente. Ahora siento curiosidad por ese punto de vista. Puedes explicarlo mejor", está afirmando que el punto de vista no coincide con el tuyo sin preparar el terreno para la Tercera Guerra Mundial.

5. Sea un oyente excepcional

No es ningún secreto. En un mundo en el que todos quieren hablar de sí mismos, los buenos oyentes son muy apreciados. Es fácil influir en las personas cuando están convencidas de que le interesa de verdad lo que tienen que decir.

La gente cree erróneamente que ser un buen comunicador consiste en poseer las mejores habilidades para hablar. Eso es sólo una parte, amigos. La otra mitad, probablemente más importante, es escuchar.

Ser un ninja de las habilidades sociales no significa hablar hasta la saciedad sin dar a los demás la oportunidad de hablar. Las personas influyentes saben cuándo dejas que los demás hablen y responden de forma positiva/alentadora.

Demuestre a la gente que se interesa seriamente por lo que están hablando a través de pistas verbales y no verbales. Reconozca o parafrasee lo que dicen para que sepan que realmente les está escuchando. Asienta con la cabeza, exprese con la mirada, inclínese hacia delante y mantenga los brazos/piernas desplegados (para mostrar que está abierto a escucharles) para revelar su interés en lo que están hablando a través de reacciones no verbales.

A todo el mundo le gustan las señales de afirmación de que se les escucha con entusiasmo, lo que a su vez les anima a corresponder cuando usted habla. Las personas influyentes, los modelos de conducta y los influenciadores excepcionales comprenden el poder de desarrollar grandes habilidades de escucha para hacerse más simpáticos a sus seguidores.

6. Revele un hecho interesante sobre sí mismo

De acuerdo, esto no significa que se lance a contar con quién está saliendo o que su cuenta bancaria acaba de marcar un millón de dólares. Sin embargo, un hecho divertido, inofensivo e interesante sobre usted mismo le hace inmediatamente simpático a la gente. Será más probable que presten atención a lo que dice cuando se den cuenta de que confía lo suficiente en ellos como para compartir cosas sobre usted. Pero no lo haga demasiado personal, es la regla de oro.

Puede ser algo parecido a su autor favorito y por qué le gusta su obra. ¿Por qué elegiste una vocación o una especialidad en la universidad? ¿Por qué te gustó viajar a un lugar concreto y disfrutaste de su ambiente/cultura? Debe ser como un interesante adelanto de sí mismo (por qué le gustan las magdalenas o por qué decidió llamar a su perro por un nombre concreto) sin que suene personal, jactancioso o exagerado.

7. Evitar los callejones sin salida de la conversación

Habrá esos incómodos huecos en la conversación que quizá no consiga llenar. Lo mejor que puede hacer en ese caso es buscar pistas a su alrededor para reavivar la conversación. Puede ser cualquier cosa, desde un folleto hasta otras personas que le rodean, pasando por detalles sobre el local en el que está. Hay pistas de conversación en casi todas partes sobre las que puede empezar a construir una conversación estimulante y significativa.

8. El fino equilibrio entre preguntas y declaraciones

Mantenga un fino equilibrio entre hacer declaraciones y formular preguntas. Una pequeña charla exitosa mezcla brillantemente preguntas y declaraciones para crear un intercambio más sano.

Demasiadas preguntas harán que parezca un interrogatorio unidireccional. Mientras que demasiadas afirmaciones harán que parezca que la charla se centra sólo en ti, lo que puede resultar muy molesto para la otra persona.

Los modelos de conducta saben cómo equilibrar la conversación para que la gente escuche. Acompañar las afirmaciones con preguntas de reflexión, como: "Me gusta mucho el aeróbic y la zumba, ¿cómo pasas tus horas de ocio?" o "Me gusta mucho ver ese reality show que la mayoría de la gente cree que está guionizado, ¿lo ves?

Está compartiendo sus puntos de vista, pero también está dando a la otra persona la oportunidad de compartir su opinión. Esta técnica de ida y vuelta le permite mantener una conversación agradable y completa.

9. Empatizar con la gente

Empatizar con la gente es una de las formas más seguras de ganarse su confianza y conseguir que le guste. No confundas la empatía con la simpatía. La empatía no consiste en compadecerse de alguien o hacerle sentir lástima por sí mismo. Se trata de ponerse en el lugar de otra persona y tratar de entender cómo se siente o las emociones que experimenta.

Decir cosas como "entiendo de verdad por qué te sientes así" o "comprendo de verdad cómo te sientes sobre este tema" o "debe haber sido muy duro para ti, pero has demostrado un valor ejemplar" contribuye en gran medida a crear una relación con la gente. Esto sienta las bases de una ecuación basada en la empatía, la comodidad y la comprensión, que es lo que los influencers/modelos de conducta necesitan para inspirar a sus seguidores.

Es más probable que la gente hable y comparta sus sentimientos con usted cuando se da cuenta de que entiende su situación. Pero no se ponga dramático y finja llorar lágrimas de cocodrilo para demostrar que realmente siente algo por la otra persona. Eso lo desvirtúa por completo.

10. Manténgase positivo

Cuando conozca a alguien por primera vez, mantenga siempre la conversación centrada en temas positivos. Incluso cuando sienta que la otra persona se adentra en un terreno negativo o controvertido, llévela suavemente a un terreno de conversación más positivo. Además, cíñase a temas de los que la mayoría de la gente del grupo tenga un conocimiento decente. Obviamente, no va a encontrar muchos adeptos si se pone a hablar de la dinámica del mercado de valores en una clase o grupo de meditación. Mantenga una actitud positiva para ganarse la confianza de la otra persona antes de conseguir que haga lo que usted quiere.

Antes de que lleven a cabo la acción prevista o le "compren", tienen que "comprar" su confianza y su fe. Para ello, hay que mantener una actitud positiva al principio para crear el factor de confianza.

Quédate con los temas que ofrezcan un margen mínimo para el desacuerdo, los conflictos y las controversias. Mantén el equilibrio y la sencillez para que la conversación tenga éxito al principio. Si molestas a la otra persona al principio con un montón de temas negativos o controvertidos, es probable que se desconecte y desarrolle sentimientos negativos hacia ti, algo que no quieres.

11. El lenguaje corporal dice mucho

El lenguaje corporal o las pistas no verbales pueden transmitir mucho más que las palabras. Envía las señales de lenguaje corporal adecuadas para crear una impresión más favorable y hacerse más simpático.

Pequeños gestos como sonreír con frecuencia, asentir con entusiasmo, rozar ligeramente con el brazo a la otra persona, mantener un contacto visual constante, dar un apretón de manos firme, mantener un tono enérgico y animado y otras señales similares pueden contribuir en gran medida a establecer una persona más simpática e influyente. Recuerde que no tiene una segunda oportunidad para causar una primera impresión. Deje que cada gesto cuente.

12. Excavar un poco

Un poco de trabajo de fondo sirve para crear una primera impresión impactante. Tanto si se dirige a una fiesta como a un importante evento de networking empresarial, tenga preparados algunos temas tras investigar los intereses predominantes del grupo. Por ejemplo, si se entera de que el anfitrión o los socios están muy interesados en el espiritismo, los viajes o la cocina, investigue los temas de moda en esos ámbitos para iniciar una conversación interesante. Esto le ayudará a encajar en el grupo sin esfuerzo.

Podrá animar la conversación y sacar a la gente de su ignorancia. Busque en los periódicos del día los titulares más destacados, repase las reseñas de libros, lea las críticas y valoraciones de las películas o infórmese sobre la última tendencia en materia de salud que circula por las redes sociales. Estos temas de interés para la mayoría de la gente

pueden ayudarle a parecer bien
informado y conocedor del mundo ante
un nuevo público.

Si conoce los nombres de las personas con
las que se va a reunir de antemano, puede
rastrear sus huellas sociales en las
distintas redes sociales (pero no se
dedique a acosarlas y a hacer evidente que
cstá consultando su perfil cada dos
minutos). Es fácil calibrar los intereses, la
actitud y las opiniones de las personas a
través de sus perfiles en las redes sociales.
Esto le dará una buena indicación sobre
sus gustos y manías, que luego puede
utilizar para entablar una conversación
provechosa.

13. Aprovechar las similitudes

Esto es especialmente cierto cuando se
interactúa con personas de diversas
culturas y orígenes. Encuentre puentes de
conexión y aproveche cada oportunidad
que se le presente. Encuentre un interés

común, su cocina favorita, un libro que ambos hayan disfrutado leyendo o cualquier otro punto en común.

Incluso si se trata de algo aparentemente cursi, como llevar la misma camisa/vestido o zapatos, menciónalo siempre para establecer una plataforma de simpatía. Los seres humanos se sienten atraídos por las personas que son similares a ellos. Cuando la gente se da cuenta de que sus gustos o preferencias son muy parecidos a los suyos, es más probable que le escuchen o admiren.

14. No descuide el aseo personal

Aunque sea un excelente conversador con un lenguaje corporal impecable, pocas cosas pueden crear una primera impresión negativa como un aseo personal descuidado. Aunque esto parezca básico, mucha gente lo considera insignificante y se centra en las "cosas más importantes".

No asista nunca a ninguna reunión social sin ducharse o peinarse con esmero. Mantenga una higiene y un aseo correctos. Utilice una fragancia agradable, pero que no sea excesiva. Lleve unos cuantos caramelos de menta consigo. Lleve un peinado cuidado, mantenga las uñas bien cuidadas y los dientes blancos y brillantes.

Llevar la ropa limpia y planchada. Es sorprendente la cantidad de personas que salen perdiendo simplemente por no prestar atención a estos aspectos elementales. La ropa y el aseo personal contribuyen a su imagen incluso antes de empezar a hablar. Lo más probable es que si se presenta mal arreglado, la gente ni siquiera le dé la oportunidad de hablar con ellos. La gente desorganizada y de aspecto desordenado rara vez influye en los demás o actúa como modelo creando una primera impresión favorable.

15. Deje de lado la incomodidad del saludo

Saludar a las personas cuando se las presentan por primera vez puede ser sin duda incómodo, especialmente si pertenecen a una cultura o región diferente. Es posible que no sepa cuál es el saludo adecuado. Algunas personas no se sienten cómodas ni siquiera con un ligero beso en la mejilla, mientras que otras pueden no apreciar un prolongado apretón de manos. En ese caso, es seguro esperar a que la otra persona dé el primer paso. Si no lo hace, mantenga la universalidad: sonría con su mejor sonrisa, salude y ofrezca un breve pero firme apretón de manos.

Bono - Consejos para detectar y superar la manipulación y fortalecer su autoestima

Te guste o no, el mundo está lleno de lobos con piel de cordero. No se puede hacer mucho contra los manipuladores patológicos y emocionales que intentan aprovecharse de sus sentimientos y emociones para satisfacer sus deseos. Sin embargo, puede ganarles en su propio juego utilizando un montón de técnicas de astucia. La manipulación, si no se reconoce y se maneja con eficacia, puede acabar con su sentido de la autoestima y la cordura. Al reconocer y hacer frente a la manipulación, se defiende y no permite que los siniestros manipuladores cumplan sus planes pisoteando sus sentimientos.

He aquí algunos trucos inteligentes y eficaces para superar a los manipuladores en su propio juego.

1. Ponga en el punto de mira a los manipuladores planteando preguntas de

sondeo. Los manipuladores exigen constantemente cosas o hacen ofertas a sus víctimas. Como víctima, le harán sentir que tiene que demostrar su valía todo el tiempo. A menudo se desvivirá por cumplir estas exigencias. Deténgase. Cada vez que se encuentre con una petición irrazonable, responda con unas cuantas preguntas de sondeo y cambie el enfoque hacia ellos.

Por ejemplo, ¿le parece una petición legítima y razonable?

¿Crees que lo que me has pedido es justo o ético?

¿Tengo derecho a negarme?

¿Me estás pidiendo o exigiendo que lo haga?

¿Qué gano con esto?

¿Realmente esperas que lo haga?

¿Está razonablemente justificado que espere que lo haga?

¿Quién es el que más gana con esto?

Básicamente, son preguntas que les muestran el espejo, donde pueden ser testigos de su verdadera estratagema siniestra. Si el manipulador es consciente de sí mismo o se da cuenta de que ha visto sus motivos, lo más probable es que retire la petición.

Los manipuladores intentan poner el foco en usted como si fueras indigno o "malo" si no hace algo por ellos. Tiene que volver a poner el foco en ellos haciéndoles pensar si su petición está realmente justificada o es razonable, haciendo que se vean como personas con motivos malvados.

Las preguntas acabarán obligando al manipulador a darse cuenta de que está viendo su juego. La responsabilidad de la acción pasará ahora de usted a ellos.

Por ejemplo, si usted rechaza la petición del manipulador, la carga de justificar su acción no recae sobre usted. Al hacer preguntas de sondeo, está pidiendo al manipulador que justifique la razonabilidad de su petición. Así, en lugar de sentirse culpable por rechazar algo, está haciendo que el manipulador se dé cuenta de que tiene la culpa por tener expectativas poco razonables.

Además, hágale saber a su manipulador que no acepta que le trate como lo hace. Deje suficientemente claro que no aprecia sus formas.

Por ejemplo, si usted ya está preocupado por algo y el manipulador le pide que haga algo por él, diga algo así como: "No me gusta cuando ya estoy trabajando en algo y me haces otra petición antes de terminar la tarea actual".

Del mismo modo, cuando una persona intente forzarle a tomar una decisión que le beneficie, diga algo como: "Soy capaz de tomar mis propias decisiones y le agradecería mucho que no me coaccionara para tomar una decisión a toda prisa". Está siendo asertivo y regañando a su manipulador sin ser grosero. Simplemente está defendiendo su derecho e informándole de que tiene derecho a tomarse su tiempo para decidir, y que podría ser contraproducente si le presiona para que tome una decisión.

2. Tómese su tiempo para satisfacer una petición. Los manipuladores no sólo harán peticiones poco razonables, sino que también le presionarán para que tome una decisión rápida. Quieren ejercer un control, una influencia y una presión óptimos sobre usted para conseguir que actúe de una manera específica inmediatamente. Los manipuladores se dan cuenta de que si se toma más tiempo, las cosas pueden no ir a su favor.

Haga exactamente lo contrario de lo que quieren, tomándose más tiempo. Los vendedores siempre se centran en cerrar el trato pronto. Distánciese de la persuasión del manipulador y tómese su tiempo para llegar a una decisión. No tiene que actuar de inmediato por mucho que la persona intente presionarle.

Toma el control sobre la persona y la situación diciendo algo como: "me gustaría tener más tiempo para pensarlo" o "es mi derecho tomarme más tiempo para pensar en una decisión tan importante como ésta" o "necesito evaluar los pros y los contras antes de llegar a una decisión".

Puede aprovechar este tiempo para negociar a su favor.

3. Diga no de forma asertiva pero diplomática. Este es un arte que sólo se consigue con la práctica. No querrás ofender al manipulador diciéndole un no rotundo. Sin embargo, debe ser firme y hacerle saber que no va a permitir que le pisotee. Manténgase firme, sin dejar de ser educado y cortés. No tiene que sentirse culpable por su derecho a rechazar una petición poco razonable.

Si no está dispuesto a hacer algo, diga: "Entiendo que quieres que haga esto, pero también siento que no estoy dispuesto a hacerlo ahora mismo". Otra forma de articular sus necesidades es: "lo mejor que puedo hacer en este momento es...". Una de las apuestas de respuesta es centrarse en sus necesidades por encima de las del manipulador sin sentirte culpable.

Uno de los trucos más astutos que utilizan los manipuladores es hacer que se sienta culpable cada vez que no accede a su petición. Cuando deja de sentirse culpable por defenderse o por ejercer su derecho a ser tratado con respeto, los manipuladores se vuelven impotentes.

4. Conozca sus derechos fundamentales y su valor. El arma más importante cuando se enfrentas a los manipuladores es saber cuándo se violan sus derechos. Tiene el derecho absoluto de defender esos derechos y defenderte. Tiene el derecho

fundamental a ser tratado con respeto y
honor.

De nuevo, tiene derecho a expresar sus
emociones, necesidades y sentimientos.
Tiene derecho a establecer sus
prioridades, a rechazar algo sin sentirse
culpable, a protegerse a sí mismo o a sus
seres queridos de cualquier daño, a
adquirir lo que paga y a vivir una vida
feliz, sana y plena.

Estos son sus límites y puede recordar a la
gente que respete estos derechos. Los
manipuladores psicológicos suelen querer
quitarle sus derechos fundamentales en
un intento de ejercer un mayor control
sobre sí. Sin embargo, el poder y la
autoridad para tomar las riendas de su
vida reside en sí, y no debería perder la
oportunidad de recordarle a su
manipulador que sólo usted tiene el
control de su vida. Aléjese de las personas
que no respetan estos límites básicos.

5. Mantenga la distancia. Una de las
formas más eficaces de detectar a un

manipulador es observar si actúa de forma diferente con distintas personas o en diversas situaciones. Por supuesto, todos venimos con algún diferencial social, pero si la persona se comporta habitualmente fuera de su carácter en los extremos, puede ser un maestro de la manipulación.

Piense en ser antinaturalmente cortés con una persona y al minuto siguiente francamente grosero con otra, o en actuar de forma vulnerable en un momento y en el siguiente volverse agresivo. Cuando sea testigo de este tipo de comportamiento, mantenga las distancias con esa persona. Evite interactuar con estas personas hasta que sea absolutamente necesario. Puede acabar invitando a los problemas. Hay muchas razones por las que la gente manipula, y es muy complejo psicológicamente. No intente arreglar a los manipuladores todo el tiempo. No es su deber cambiarlos. Sálvese a sí mismo pasando página.

6. Evite culparse o personalizar. Uno de los trucos más suaves que utilizan los manipuladores es hacer sentir a sus víctimas que siempre es su culpa (la de la víctima). Independientemente de lo que el manipulador haga o sepa, nunca asumirá la responsabilidad de sus faltas. Siempre culparán a la víctima de todos sus males.

Como víctima de la manipulación, tiene que dejar de personalizar. El problema no está en sí, ya que simplemente le hacen sentir que es su culpa, por lo que cede sus derechos al manipulador y se vuelve impotente.

No se deje llevar por la idea de que es un problema o que el problema está en sí. Conocí a una amiga a la que su marido reprendía constantemente por trabajar duro para mantener a la familia. Él no perdía la oportunidad de recordarle que no era una buena esposa o madre porque siempre estaba trabajando. En su mente, estaba trabajando duro para dar a sus hijos un gran futuro (lo que realmente no la convertía en una mala madre).

Sin embargo, en su intento de conseguir el control absoluto sobre ella, la culpaba constantemente y la hacía sentir incompetente como esposa y madre. Al principio, mi amiga creía todo lo que le decían de que era una mala madre y esposa. Sin embargo, con el tiempo, se dio cuenta de que simplemente la culpaban porque su marido no podía asumir sus propios defectos.

Hágase estas preguntas antes de culparse a sí mismo -

¿Te tratan con respeto?

¿Son razonables las exigencias de la persona?

¿Me siento bien conmigo mismo cuando interactúo con esta persona?

Estas son pistas importantes sobre el verdadero problema.

7. Establezca consecuencias para el comportamiento manipulador. Los manipuladores psicológicos y patológicos siempre insistirán en ignorar sus derechos. Rara vez aceptan un "no" como respuesta, y se ofrecen a montar en cólera o a volverse agresivos. Reconozca y establezca claramente las consecuencias si recurren a la agresión como respuesta a su negativa a cumplir con su petición irrazonable.

Una consecuencia comunicada y afirmada eficazmente puede servir para inmovilizar a una persona manipuladora y obligarla a cambiar su postura, pasando de violar sus derechos a respetarlos. Al reforzar las consecuencias, descubre sus intenciones ocultas y le obliga a cambiar su actitud hacia usted. Básicamente, le está quitando el poder.

Es importante oponerse a las tácticas de intimidación del manipulador. A menudo intentarán asustarte para que cedas a sus exigencias. Los manipuladores pretenden aferrarse a sus debilidades para sentirse superiores y poderosos. Si se mantiene pasivo y les sigue el juego, se aprovecharán más de usted. Enfréntese a ellos y ejerza sus derechos. Como los manipuladores son intrínsecamente cobardes, se retirarán.

Las investigaciones han demostrado que la manipulación está estrechamente relacionada con una infancia abusiva o con ser víctimas de acoso escolar. Esto no justifica de ninguna manera el acto de un manipulador. Sin embargo, si tiene esto en cuenta, encontrará formas más sanas y eficaces de responder al manipulador.

8. Valórese por lo que es. Los manipuladores se alimentan de la baja autoestima de sus víctimas. Siempre atraparán a personas vulnerables, inseguras, con poca confianza en sí mismas y que no conocen su verdadero valor.

Rara vez el manipulador irá a por personas con una alta autoestima o sentido de la valía personal. Si puede mantenerse fuerte y enfrentarse al manipulador estableciendo su autoestima, es evidente que no permitirá que nadie le controle.

9. El silencio es oro. A los manipuladores les encanta el drama. A menudo provocarán en usted sentimientos de ira, miedo, tristeza y más para pensar que han ganado puntos sobre usted. La mejor manera de lidiar con esto es mantener la calma y practicar la respiración profunda. Concéntrese en su respiración y en cómo se siente su cuerpo. Intente relajar los músculos y mire al manipulador a los ojos.

Este simple lenguaje corporal de confianza y afirmación puede sacarlos de la tangente. Un manipulador no sabe cómo lidiar con su tranquilidad en una situación así. Están totalmente equipados para lidiar con su ira y su miedo. Sin embargo, no esperan que reacciones con calma. Eso les enfurece y les dice que la estratagema no me parece eficaz en usted. Aprenderán que las emociones no cambian y cambiarán de objetivo.

No me malinterprete. No estoy abogando por abandonar una relación a la primera señal de manipulación. La manipulación puede aparecer poco a poco incluso en relaciones por lo demás felices y satisfactorias, y no significa necesariamente el fin de una relación. Antes de tomar cualquier medida drástica, mantenga una conversación franca y abierta con su pareja o con la persona que le manipula. Ármese de valor y pregúntele por qué le están haciendo esto. Estas respuestas pueden darle pistas vitales sobre su estado de ánimo y su próximo paso.

Si ya ha intentado tener una comunicación abierta con su pareja y no quiere, puede ser el momento de explorar otras opciones como la terapia o el asesoramiento. Sin embargo, ambos deben comprometerse a superar la manipulación en la relación.

Si nada más funciona, tendrá que armarse de valor para dejarlo. He visto a personas salir de relaciones manipuladoras a través de la terapia, y no llevan vidas más felices y satisfactorias. Así que no es que la manipulación sea el fin de una relación. En todo caso, utilícela como una oportunidad para identificar los defectos de su relación y repararlos gradualmente.

10. Practique el autocuidado. Enfrentarse a una relación de manipulación puede ser intensamente agotador y estresante. Asegúrese de practicar el autocuidado para nutrir su mente, cuerpo y espíritu, y no deje que la manipulación le pase factura. Es común sentirse estresado al final de cada interacción con un manipulador (ya lo he hecho).

Cuando sienta que su energía mental se agota tras la comunicación con un manipulador, haga meditación, yoga o respiración profunda. Infunde una sensación de calma en su ser. Haga algo agradable y emocionante para evitar que los sentimientos negativos le estropeen el día. Vaya a dar un largo paseo en medio de la naturaleza o hable con alguien de confianza.

Consejos sólidos para aumentar su autoestima

El núcleo de ser manipulado es experimentar sentimientos de incompetencia e indignidad. Rara vez verás a personas seguras de sí mismas, con una alta autoestima y un alto sentido de la valía personal, siendo manipuladas. Los manipuladores psicológicos prosperan haciendo que la gente se sienta indigna y desequilibrada. Al inducir este sentimiento de insuficiencia en sus víctimas, intentan obtener un mayor poder y control sobre ellas y, a su vez, utilizar su sensación de impotencia para cumplir con agendas egoístas.

Una de las mejores maneras de inmunizarse contra la manipulación es desarrollar una alta autoestima y confianza en uno mismo. Al tener un alto sentido de autoestima y una opinión positiva sobre sí mismo, está evitando que los manipuladores hambrientos le saboteen.

He aquí algunos consejos poderosos para aumentar su autoestima general y hacerle menos susceptible a la manipulación.

1. Controle a su crítico interior. Sí, todos tenemos ese molesto enemigo interior que no deja de recordarnos lo incapaces que somos de hacer algo o lo miserable que es nuestra vida en comparación con la de los demás. Esta voz interior moldea sus pensamientos y opiniones sobre sí mismo.

Minimice su voz negativa y sustitúyala conscientemente por términos más positivos y constructivos. Por ejemplo, "Soy muy malo en esto" puede sustituirse por "Puede que no sea bueno en esto, pero eso no debe impedirme aprender todo lo que pueda sobre ello y dominarlo". Acaba de dar un giro positivo a una afirmación sin esperanza. Elija utilizar palabras más esperanzadoras, positivas e inspiradoras cuando se hables a sí mismo.

Quédese parado en voz alta cuando encuentre a su crítico interior rugiendo su monstruosa cabeza. También puede recurrir a un gesto físico como pellizcarse lentamente o morderse los labios cada vez que encuentre a su crítico interior en modo hiperactivo.

2. Sea más compasivo con los demás o trátelos bien. Una de las mejores mancras de aumentar su propia autoestima es tratar a otras personas con mayor compasión. Cuando hace que los demás se sientan bien con ellos, automáticamente se siente bien consigo mismo. Cuando trata bien a la gente, les inspira para que le traten bien a usted a cambio.

Practique la amabilidad en su vida diaria ofreciéndose como voluntario para una causa social (un enorme refuerzo de la autoestima), sosteniendo la puerta a la gente, escuchando a alguien desahogarse, dejando que la gente pase por su carril mientras conduce, comprando café o golosinas a gente al azar, animando a una persona que se siente desanimada y otros gestos similares. Todo ello contribuirá en gran medida a reforzar su autoestima.

3. Probar cosas nuevas. Las personas que prueban constantemente cosas nuevas o se reinventan a sí mismas tienen casi siempre la autoestima alta. Se desafían constantemente a sí mismas saliendo de su zona de confort. Prueban de todo y aprecian las distintas experiencias, lo que aumenta su sentimiento de competencia. \

Cuando sigue aprendiendo cosas nuevas y desarrollando sus habilidades, se siente muy bien consigo mismo. Evite caer en la rutina. Siga probando una nueva aventura o adquiriendo una nueva habilidad periódicamente. Anímese a ser activo, apasionado y productivo. Ponga en marcha su espíritu y su alma de vez en cuando, retomando una afición, adquiriendo una nueva habilidad o leyendo un libro inspirador.

4. Evite las comparaciones. Se está destruyendo poco a poco al compararse constantemente a si mismo o a su vida con los demás. No hay victoria en esto, ¡siempre perderá! Es una trampa que sólo le hará sentir más inadecuado e indigno.

En su lugar, mire dónde estaba hace unos años y lo lejos que ha llegado para lograr lo que es hoy. Céntrese en sus logros y realizaciones actuales en comparación con los de hace unos años.

Albert Einstein dijo: "Todo el mundo es un genio. Pero si juzgas a un pez por su capacidad para trepar a un árbol, se pasará toda la vida creyendo que es estúpido". No sea ese pez.

5. Pase tiempo con gente positiva. Otra buena manera de reforzar su autoestima

es rodearse de personas que le apoyen, le animen y le inspiren. Deben ser personas a las que admire y que puedan influir positivamente. Puede ser cualquiera, desde un profesor hasta un mentor, pasando por un gerente o un buen amigo.

Evite relacionarse con personas que se centran en sus defectos para intentar derribarle en cada oportunidad disponible para sentirse superiores a ellos mismos. Tenga cuidado con los ladrones de sueños o con las personas que se ríen de sus sueños o de su capacidad para alcanzar sus objetivos. La autoestima prospera en un entorno positivo en medio de personas positivas. Acompáñese de personas que le hagan sentir bien consigo mismo.

Además, preste atención a los libros, sitios web y páginas de redes sociales que lee. Deje que carguen su energía, no que la minen. No lea revistas que promueven imágenes corporales poco realistas. La próxima vez que tenga tiempo libre, escuche podcasts que le levanten el ánimo y le inspiren. Mire programas de televisión que eleven su espíritu.

6. Sudar la gota gorda. Innumerables estudios han establecido una alta correlación entre el ejercicio y una autoestima sana. El ejercicio conduce a una mejor salud mental y física, lo que a su vez reduce el estrés y le hace sentir bien. También aporta más disciplina a su vida, lo que invariablemente aumenta la autoestima.

El ejercicio no tiene por qué ser aburrido. Puede practicar algo divertido e interesante como el baile, el ciclismo, la natación, los ejercicios aeróbicos o el kickboxing, entre otros. Cualquier cosa que le haga sudar y le dé una pequeña sensación de logro al final. La actividad física potencia la secreción de endorfinas en el cerebro, lo que nos hace "sentirnos bien". Y todos sabemos que sentirse bien puede tener un efecto positivo en nuestra autopercepción y autoestima.

7. Practique el perdón. ¿Hay algún rencor que lleva guardando mucho tiempo? Puede estar relacionado con una expareja, con un familiar durante sus años de crecimiento, con un amigo que le traicionó o incluso consigo mismo. No se aferres al sentimiento de rencor. Supere los sentimientos pasados de vergüenza, culpa y arrepentimiento, ya que aferrarse a él sólo le arrastrará más al círculo de la negatividad.

Conclusión:

Gracias de nuevo por comprar este libro.

Espero que haya podido ayudarle a comprender no sólo las formas en que la gente le manipula, sino también formas poderosas de manipular a la gente e inmunizarle contra la manipulación.

El siguiente paso es simplemente utilizar todas las poderosas estrategias y técnicas utilizadas en el libro para entender las técnicas de manipulación y evitar que la gente le manipule en las relaciones, en el trabajo y dentro de su círculo social. Estas estrategias de manipulación se pueden utilizar eficazmente en nuestra vida diaria para conseguir que la gente haga lo que nosotros queremos.

Hay un montón de consejos prácticos, pepitas de sabiduría e ilustraciones de la vida real para ayudarle a obtener una sólida comprensión de cómo funciona la manipulación y cómo se puede utilizar en su vida cotidiana.

Por último, si le ha gustado este libro, me gustaría pedirle un favor, ¿sería tan amable de dejar una reseña para este libro? Se lo agradecería mucho.

Gracias y buena suerte.

Descripción

¿Conoce a personas que siempre le presionan para que **piense** y **actúe de** una manera que no haría para cumplir con su agenda personal?

¿No le gustaría poseer también el superpoder de la **persuasión**, la **influencia** y la **manipulación** que le permite conseguir que la gente haga **exactamente lo que quiere**?

¿No le gustaría poseer la capacidad de **convencer, influir, manipular y persuadir** a **la gente** para que piense y actúe como usted quiere?

Imagine lo maravilloso que sería si pudiera conseguir que la gente actuara y pensara en el interés general de una situación o de la humanidad. La manipulación **no es** siempre lo negativo que se suele hacer ver. Piense en ella como una herramienta que puede utilizarse tanto para crear como para destruir. La elección es suya.

Por suerte, ser un manipulador, persuasor e influenciador eficaz no es algo con lo que nacemos. Se puede desarrollar fácilmente con la práctica, el esfuerzo y la aplicación constantes.

Aunque la manipulación tiene connotaciones fundamentalmente negativas, también puede aprovecharse para lograr resultados positivos.

Utilizando los poderosos consejos, técnicas y estrategias que se mencionan en este libro, una persona puede convertirse en un eficaz influenciador, manipulador, persuasor, negociador, vendedor y orador.

Estas son algunas de las cosas que se llevarán del libro

-Técnicas psicológicas asombrosamente **eficaces** para manipular, persuadir e influir en las personas

-Comprender el mecanismo de la manipulación emocional

-Estrategias de manipulación social y de conversación ya probadas

-El arte de hablar y comunicar de manera que la gente no pueda evitar escuchar cada palabra que dices.

-Habilidades probadas de comunicación **verbal y no verbal** para mejorar su destreza en la manipulación.

-Cómo los manipuladores utilizan **la Programación Neurolingüística** para cambiar todo el proceso de pensamiento de una persona

-Detectar la manipulación en su vida cotidiana y en sus relaciones personales, y estrategias para protegerse de ella.

- **Técnicas inteligentes** para burlar a los manipuladores

Perfeccione el arte de influir, manipular y persuadir a la gente hoy en día dominando las estrategias más finas de la manipulación.

Y mucho más

Haga clic en **"Comprar ahora"** para descargar este libro al instante.

www.ingramcontent.com/pod-product-compliance
Lightning Source LLC
Chambersburg PA
CBHW070808300326
41914CB00078B/1887/J